指向深度学习的高中生物教学研究

张 渊 著

延吉·延边大学出版社

图书在版编目（CIP）数据

指向深度学习的高中生物教学研究 / 张渊著. -- 延
吉：延边大学出版社，2023.8
ISBN 978-7-230-05400-3

Ⅰ. ①指... Ⅱ. ①张... Ⅲ. ①生物课－教学研究－高
中 Ⅳ. ①G633.912

中国国家版本馆CIP数据核字(2023)第163501号

指向深度学习的高中生物教学研究

著　　者：张　渊
责任编辑：马少丹
封面设计：文合文化
出版发行：延边大学出版社
地　　址：吉林省延吉市公园路977号　　　邮　编：133002
网　　址：http://www.ydcbs.com　　　E-mail：ydcbs@ydcbs.com
电　　话：0433-2732435　　　　　　　传　真：0433-2732434
印　　刷：延边延大兴业数码印务有限责任公司
开　　本：787毫米×1092毫米　1/16
印　　张：10
字　　数：200千字
版　　次：2024年8月第1版
印　　次：2024年8月第1次印刷
书　　号：ISBN 978-7-230-05400-3

定　　价：39.00 元

前　言

　　生物深度学习是将深度学习方法应用于生物科学领域的研究。它结合了深度学习算法和生物学数据，旨在探索和理解生物系统的复杂性。深度学习是一种机器学习方法，通过模拟人脑神经网络的结构和功能来实现对数据的分析和处理。它可以自动从大量数据中提取有用的特征，并具备优秀的分类、识别和预测能力。然而，生物深度学习也面临一些挑战。生物数据通常具有高维度、噪声较多和样本量相对较小的特点，这给深度学习算法带来了困难。基于此，本书主要重点研究指向深度学习的高中生物教学研究，因为当今深度学习是全面落实课程改革的时代需求，是发展学生生物学学科核心素养的需求，它更加强调和关注学习者学习的主动性、过程与体验，所以本书从深度学习的角度出发，对高中生物教学进行了系统的研究。首先概述了深度学习的内涵，分析了高中生物教学深度学习的现状，对促进深度学习的高中生物教学展开了论述；其次研究了指向深度学习的高中生物教学模式、高中生物教学有效性、高中生物问题情境教学以及高中生物创新思维教学等内容，以期实现生物教学中深度学习的达成。

　　指向深度学习的高中生物教学研究尽管存在挑战，但是生物深度学习仍然具有巨大的潜力。相信未来通过将深度学习技术与生物学领域的专业知识相结合，可以加快生物科学的进展，揭示生命的奥秘。

　　编写本书是一个艰巨而充满挑战的过程，在这里，作者向所有为本书提供数据、方法和理论支持的研究团队和个人表达最诚挚的感谢。同时，还要特别感谢引用文献中各位学者的杰出工作，作者深感荣幸能够与学术界的精英们分享他们的智慧和成果，并对其付出的辛勤努力表示崇高的敬意。

目　录

第一章　深度学习概述

第一节　深度学习的起源及内涵

一、深度学习的起源

深度学习起源于本杰明·布鲁姆的教育目标分类法。1956年，布鲁姆等人在《教育目标分类学》一书中把认知领域分为知道、领会、应用、分析、综合以及评价六个层次。一般认为，知道、领会、分析三个方面属于低阶思维，即浅层学习；分析、综合和评价三个方面属于高阶思维，即深度学习。

布鲁姆提出教育目标分类之后，有学者提出：知识包括事实性知识、概念性知识、程序性知识和元认知知识四种类型。进一步在布鲁姆目标教学的基础上把认知过程分为记忆、理解、应用、分析、评价和创造六个层次。一般认为，记忆和理解属于低阶思维，应用、分析、评价和创造则属于高阶思维。

"深度学习"这一名词由弗伦斯·马顿和罗杰·萨尔乔在1976年首次提出。"学习者因为不同的学习目的，会关注学习材料的不同方面。并采用两种对应不同层次的学习过程。"这两种不同层次的学习过程一种是浅层学习，一种是深度学习。浅层学习就是一个浅层加工，在浅层加工中，学习者一般将注意力放在学习文字本身上。学习者如果仅仅关注文字本身，关注字面意思，这就是一个浅层加工，是一种复制型的学习观念，主要采取死记硬背的学习策略。目前在我国，死记硬背的学习策略依旧较为普遍，这与当前国际上研究学习科学的方向完全是背道而驰的。而在深度学习也就是深层加工中，学习者指向的是学习材料的意向型的内容，即学习的目的是理解作者和文字背后所想表达的意义。

二、深度学习的内涵

关于深度学习的内涵，研究学者作了一个系统的概括和总结，整理了国内外对深度学习内涵的一些研究，可以大致从学习方式、学习过程、学习结构、学习目标四大视角来理解：

（一）学习方式

深度学习是一种主动的、寻求联系与理解、寻找模型与证据的包含高水平认知的学习方式，与之相对应的是机械学习和记忆孤立信息的浅层学习方式。

（二）学习过程

深度学习是一种学生积极参与和高度投入的学习过程。

（三）学习结构

深度学习是通过让学生真正理解学习内容促进长期保持，从而使学生能够提取所学知识解决不同情境的新问题。

（四）学习目标

深度学习是学生胜任21世纪学习、工作与生活必须具备的一组知识和技能的总称，主要包括掌握核心学科知识、批判性思维和复杂问题解决、团队协作、有效沟通、学会学习、学习毅力六个维度基本能力，这些能力可以让学生灵活地掌握和理解学科知识以及应用这些知识去解决课堂和未来工作中的问题。

三、深度学习的本质

从学习目标来说，深度学习的目标是自我理解，寻求意义；而浅层学习的目标是为了应付课程，简单复制，也就是死记硬背。从学习方式来说，深度学习注重将想法与以往的知识和经验相联系，注重寻找模式和基本原则；而浅层学习往往把课程当作不相关的零碎知识，采用机械记忆事实或执行既定程序。此外，在深度学习中强调批判性思维，如无必要一般不使用死记硬背。从学习结果来说，深度学习能让学生意识到自己在学习过程中的发展性理解，积极主动且有兴趣地参与课程内容；浅层学习则会导致学生发现难以理解新想法、在课程或任务中看不到什么价值或意义、学习上感到过度的压力和忧虑。从教学观念上来说，深度学习不同于浅层学习以教师为中心，以内容为导向，而是以学生为中心，以学习为导向。从投入程度上来说，深度学习和浅层学习前者强调主动高投入，后者则是被动的低投入学习。从迁移能力上来说，深度学习能把所学知识迁移应用到实践中，这是浅层学习无法实现的。

基于对上述研究文献的整体分析，我们不难发现深度学习的所有要求、特点都是思维型教学所要求的，实际上思维型教学包括了深度学习的所有研究方面。

结合前人研究的整体分析，整合学习方式、学习过程、学习结果、学习目标等多个不同的视角，分析这些视角的共同因素，挖掘深度学习的本质特征，全面理解深度学习。

我们可以将深度学习定义为：能够深度理解并灵活应用所学知识和发展核心素养的，积极的认知、元认知和非认知（包括动机、情感、意志等）投入的，促进自主建构（包括认知建构和社会建构）的学习方式。

第二节 深度学习的高中生物的启示与诉求

通过深入研究和理解生物神经网络的结构和功能，我们可以获得关于信息处理、学习和适应性的重要见解。生物深度学习的研究旨在揭示大脑中神经元之间复杂的相互作用方式，并探索这种信息处理系统如何实现高效学习和自适应能力。通过模仿生物神经网络的结构和机制，我们可以开发出更强大、更智能的人工智能系统。

一、高中生物深度学习的启示

在高中生物学科的框架下，我们可以探讨生物深度学习对人工智能领域的启示。

尽管深度学习是一个较为复杂和专业的概念，但以下几个方面可以作为高中生物深度学习的启示：

（一）多层次结构的神经网络

人类大脑由多层次的神经网络组成，不同的神经元层级负责不同的功能。这启示我们在设计人工智能系统时，可以借鉴人脑的层级结构，构建多层次的神经网络以实现更复杂的信息处理和学习能力。

（二）突触的可塑性与学习能力

人脑神经元之间的连接强度可以通过突触的可塑性进行调整。这种可塑性使大脑能够根据不同环境和经验进行学习和适应。生物深度学习的启示在于借鉴突触的可塑性的机制，设计出具有学习和自适应能力的人工智能系统。

（三）分布式表示与信息处理

人类大脑采用分布式表示方式存储和处理信息，即信息被同时存储在多个神经元中。这种表示方式具有冗余性和容错性，使大脑能够更好地处理不完整或噪声干扰的信息。生物深度学习的启示在于通过分布式表示方式来设计人工智能系统，以提高系统的鲁棒性和容错性。

虽然上述启示只是初步的概念，但它们可以为高中生物学习者提供一个更广阔的视野，了解人工智能领域的发展，并将其与生物神经系统的功能联系起来。这样的启示有助于培养对科学研究的兴趣和理解，并为未来的学习和职业选择提供思路。

二、高中生物深度学习的诉求

高中生物学习诉求源于人们对生命科学的探索和理解的渴望。在高中阶段，学生希望通过生物学学习来建立对生命现象的基本认知。他们渴望了解细胞的结构与功能、遗传信息的传递、生态系统的相互作用以及进化的原理。此外，他们也关注将所学知识应用于日常生活中的实际意义。同时，高中生物学习者还追求培养科学思维和实践技能，他们希望通过实验和观察来锻炼科学推理和解决问题的能力。最后，这些学生不仅对学术发展感兴趣，还将生物学习作为未来职业道路的准备。他们有可能追寻医学、生物科学研究或其他与生物相关的职业领域。

　　高中生物学习诉求的背景体现了学生对生命科学的好奇心和探索欲望，同时也展示了他们对应用实践和未来发展的关注。教育者可以通过满足学生这些诉求，激发他们对生物的兴趣，并促进其学习动力的提升。在高中生物的范围内，涉及到深度学习的课程可能较少，但以下是一些高中生物深度学习的潜在诉求：

（一）理解人工智能的基本原理

　　高中生物学习者对人工智能和深度学习的基本原理感兴趣。他们希望了解神经网络、反向传播算法等深度学习的核心概念以及其在人工智能领域的应用。

（二）探索生物信息学和基因组学

　　生物信息学和基因组学是将计算机科学和生物学相结合的领域。高中生物学习者可能对利用深度学习分析基因组数据、预测蛋白质结构等方面感兴趣。

（三）认识神经科学与机器学习的关联

　　高中生物学习者可能对神经科学和深度学习之间的联系感兴趣，通过对神经元和突触的学习来理解深度学习算法。

（四）思考伦理和社会影响

　　深度学习和人工智能对社会产生了广泛的影响。高中生物学习者可能对深度学习在医疗、环境保护等领域的应用及其伦理和社会影响感兴趣。

　　虽然上述诉求可能需要更深入的学习和研究，但高中生物学习者可以通过阅读相关文章、参与科学竞赛、探索在线资源等方式来拓宽对生物和深度学习交叉领域的理解。

第二章　深度学习的高中生物概念教学

第一节　基础概念类知识的界定

基础概念类知识是整个信息技术学科体系中最基础的知识,具有基础性、新颖性、通用性、迁移性和复杂抽象性的特点,在整个学习过程中起着铺垫、打基础的作用。理解、掌握、运用基础概念类知识,对整个信息技术学科的学习有着重要作用。基础概念类知识的学习并不是无章可循,学习基础概念类知识的相关教学策略,可以更好地促进基础概念类知识的学习,从而利于高中生物学科的学习,培养学生的生物学科素养。

一、基础概念类知识的内涵

信息技术学科的学习内容由概念、规则和问题解决三个部分构成。概念是客观事物本质特征在人们头脑中的反映。概念形成是同时辨别若干概念的正例,归纳出概念的本质特征的过程。

我们通常从知识的通用程度、学生的学习过程和学科知识结构这三个维度来定义基础概念类知识。通常认为那些学生在进一步学习学科内容的过程中首先必须要掌握的,最为常用和常见的,在学科知识结构中占据着最基础、最底层地位的知识是基础概念类知识。

通过概念形成方式获得具体概念,一般要经过知觉感知、提出假设、假设检验和抽象概括四个阶段。不同年龄段的学生在概念形成的过程中所涉及的具体过程是不同的。

（一）儿童概念形成过程

学生在学习过程中其概念形成过程类似儿童的概念形成过程。儿童概念形成过程分为四个阶段。一是前概念阶段，在这个阶段中词语所代表的只是某个具体的事物，词语的含义仅仅是词语本身的含义。二是具体特征阶段，这个阶段用事物的某些明显的外部特征来理解概念，并以此来认识概念所指的某类事物。三是一定抽象概括阶段，儿童以事物的某些功用来区分事物并理解有关的概念，具有了一定的抽象概括能力。前三个阶段对概念的理解都不够准确，容易出现分化或泛化的情况。四是抽象概括阶段，可以抽象概括地理解词语，即以某类事物区别于其他事物的本质特征来理解概念的阶段。

（二）成人概念形成过程

对于成人而言，概念形成的代表理论有：联想理论、假设检验理论和范例理论。

1.联想理论

联想理论的代表人物是爱德华•赫尔，他把概念形成看作是把某种反映（即概念反映）与一组具有一种或多种要素的刺激联结在一起。如果学生能够正确地识别出某个概念的一个例子，就给予强化，告诉他是对的；如果学生对刺激识别错了，则告诉他错了。这样，学生就不会形成错误的联结。通过一系列尝试，形成足够多的正确联结，学生的概念也就形成了。实验结果表明，学生在学习某一概念的各种例子时，其相关要素和无关要素的多寡，与学生学习的速度和错误率有很大关系。例子与概念之间的相关要素越多、无关要素越少，则学习速度越快，错误率越低，反之亦然。

2.假设检验理论

布鲁纳提出了假设检验说，假设检验说认为，成人在概念形成过程中需要根据已知信息提出一些可能的假设，在对刺激作出反应前，被试提出一个或几个假设，并依照其中一个作出反应，即对所应用的假设进行检验。如果被试作出的这个反映被主试告知为正确的，这个假设就将继续使用下去（成功—继续），否则就要更换假设（失败—更换），将原用的假设送回假设库，取出另一个假设，再对它进行检验。这个过程如此继续下去，直到获得正确的假设，即可形成概念。

3.范例理论

范例理论由认知心理学家罗斯提出。罗斯认为，记忆中的种种概念，是以这些概念的具体例子来表示的，而不是以某些抽象的规则或一系列相关特征来表示的。这就是说，概念是一组对以往遇到过的、存在记忆中的该概念的一些范例构成的。

基础概念类知识在整个教学过程中是普遍存在的，通过分析高中生物教材可以看出，每一章节的课程都存在着基础概念类知识，这些知识具体表现为专有名词的定义、事物的特征、发展历史、分类、特点等。

二、基础概念类知识的特点

概念和规则是生物学科中的主要内容，是学习这门学科的入门钥匙。基础概念类知识的学习往往发生在新授课中，即学生初步接触新知识，需要对基本概念有一定的理解。

基础概念类知识一方面介绍学科知识，另一方面承担着为学生今后生物课程学习打好基础的任务。概念不清往往会引出一连串的错误及疑惑，影响接下来一部分知识的学习进程。结合对基础概念类知识的分析，总结出基础概念类知识主要有以下几个特点：

（一）基础性

基础概念类知识最突出的特点是具有基础性。基础性既是指知识本身在内容上的基础性，也是指知识在整个学科知识体系中所占据的基础地位。基础概念类知识多为相关概念的理解、介绍等。部分知识是后续学习的基础。

（二）新颖性

学生先前没有学习相关知识的基础，新知识对学生来说具有新颖性。学习是由经验引起的行为、思维、情感和态度的比较持久的变化。但对于高中生物教学中的相关知识来说，学生并不具有直接经验，甚至并未听过相关知识，或者对知识的理解只停留在表面而不识其内核。教师在教学过程中应当系统地讲解相关知识，构建学生的知识体系。

（三）通用性

基础概念类知识一般是学生在学习学科课程当中最为常用、最为常见的基本知识和基础操作，是许多教学情境的基本组成部分，是学生需要优先掌握的内容。

（四）迁移性

基础概念类的知识通常都蕴含着事物的本质特征和基本特性，推广性强、运用灵活，可以与不同的知识进行搭配组合构建新的教学情境。所以基础概念类知识有着较强的情境迁移性。同一个基础概念有可能以不同的形式出现在不同的教学情境中，是学生深入理解不同教学情境的重要基石。同时，在学习一个新的概念时，学生对其的初步加工和理解往往建立在对原有认知结构中基础概念类知识的理解上。

（五）复杂抽象性

基础概念类知识通常是对一类事物的共同本质特征的概括，生物学科知识专业概念需要进行系统而严密的解释和论证，具有较强的复杂抽象性。概念的定义是严谨的，较为远离生活实际的。学习时需要学生积极调动原有的知识和生活情境来加深对其的理解和认知。教师在教学中要尽量从学生直观理解的角度出发，找准课堂的切入点，将枯燥的理论知识转化为有趣的生活知识。

三、基础概念类知识的功能

（一）基础概念类知识对课程知识的学习有铺垫、打基础的作用

只有理解掌握了基础概念类的知识才能学习好建立在相应基础概念之上的复杂知识。从另一个方面来说，知识体系是环环相扣的，没有对基础概念类知识的理解和掌握，建立起的知识体系是不严谨和有漏洞的，往往会造成浮于知识的表面而无法真正解决问题。这种表现通常是，同样的问题往往变一个形式就会让学生感到无从下手，不知道应该如何解答。

（二）基础概念类知识有为复杂概念的学习奠定基础的作用

新知识的学习通常是从基础概念的引入和提出开始的。只有先引入了基础的概念类知识，复杂概念的定义和展开才能切实进行。同时，学生对复杂概念的初步理解和学习正是建立在对复杂概念中所涉及的基础概念知识的内涵和定义范围的理解上的。只有弄清楚复杂概念中基础概念的内涵和定义，才能够对复杂概念的表述和定义形成清晰、明确的认识和理解。同时，基础概念的定义也界定了涉及该基础概念的复杂概念的意义范畴，以此概念为基础的更为高级和复杂的知识也才有了研究的界限和讨论

的意义。

（三）基础概念类知识有引入新概念、新名词、新定义的作用

基础概念类知识通常会在学生已有的知识结构上来定义和界定一个新的基础概念，创建一个新的名词或赋予一个名词新的含义。通过这种新概念、新知识的引入，学生对将要学习的内容形成初步的认识和记忆，为后面复杂概念的引入和理解打下基础。从这方面来讲，学生对基础概念类知识的学习过程是新知识与已有知识结构之间形成初步联结的过程，对新知识的体系构建具有重要的意义。

（四）基础概念类知识有划定知识涵盖范围的作用

基础概念类知识通常通过严谨的定义明确地划分了新概念的作用范围和本质内涵，确保了语义理解和解释应用上的一致性，避免了以此概念为基础的复杂概念的定义范围上的混淆和混乱。

第二节 深度学习的高中生物基础概念类知识的教学策略

一、概念学习策略

概念是客观事物的本质特征在人们头脑中的反映。概念类知识是程序性知识的一种，概念学习符合程序性知识学习的基本特点。

概念学习是逐步深入和不断加深理解的过程。根据概念的抽象水平，概念可以分为具体概念和定义性概念。具体概念是指一类事物的共同本质特征可以通过直接观察获得。定义性概念是指实物的本质属性不能通过实际观察获得，必须通过下定义来揭示。在概念学习过程中，具体概念的学习适合采用概念形成策略，定义性概念适合采用概念同化策略。

（一）概念形成策略

概念的形成指的是学生在概念学习后达到能同时辨别若干概念的正例，并归纳出概念的本质特征的过程。概念形成策略是指个体在形成概念的心理操作过程中，发现事物的关键特征或本质属性时所采取的方式或途径。不同的人有不同的概念形成特点，并不是所有人在试图解答问题时都采取同样的行动。

1.概念形成策略的类型

（1）聚焦策略或整体性策略

这种策略将首次获得的肯定例证中的部分属性作为初始假设，然后经过验证剔除无关的属性，逐步聚焦到关键属性。若每次验证仅选一种属性，则称为保守性聚焦；若每次验证选择两种或两种以上的属性，则称为博弈性聚焦。保守性聚焦是相对最有效的概念形成策略。保守性策略是指把第一个肯定实例（聚焦点）包含的全部属性都看作未知概念的有关属性而建立假设（整体假设），然后每次只改变其中一个属性或特征来对这个假设进行检验。如果改变这个属性或特征的实例被证实为肯定实例，那么这个属性就是未知概念的无关属性；相反，如果改变这个属性后的实例被证明否定实例，那么这个属性就是未知概念的有关属性。

（2）扫描策略或部分性策略

这种策略将首次获得的肯定例证中的全部属性作为初始假设，若将所有可能的假设都同时保持在记忆中，并逐一排除错误假设，为同时性扫描，是同时进行的；若每次试验只采取一种假设，并逐一验证，则为继时性扫描，继时是指一个接一个的。

（3）胜留败变策略

这种策略只选取部分特殊的肯定例证，然后比较这些肯定例证与新例证是否吻合，是则保留，否则放弃，直至发现所有肯定例证的共同属性。这些策略在人工概念的形成中更容易被观察到，在日常概念的形成中很难被区分。

2.概念形成策略的学习方法

（1）联系概念实例。实际案例具有直观形象性，学生更加易于理解。

（2）消除错误概念。学生在进入课堂之前，并不是一张白纸，在之前的生活实际中，可能已经形成了一些错误的概念。在错误概念的影响下学习，会给学生的学习过程造成困扰，止步不前。教师在教学过程中应该及时帮助学生消除错误概念。

（3）在实践中运用概念。考试大纲中将知识的层次分为"了解""理解""掌握""运用"四级。教师引导学生在实践中运用概念，加深对概念内容的理解，并且使概念与实践相结合，使知识得到了运用。

（4）根据学生年龄和概括能力的差异，用适当语言表征概念定义。学生因为年龄和认知水平的差异，对概念的理解不同，教师用语言表征其中的含义，引导学生理解。

（二）概念同化策略

概念同化指的是运用学生认知结构中原有的相关概念，特别是运用相关上位概念学习新概念的意义的过程。概念同化的关键是学习者已有的认知结构中具有同化新概念的上位概念。概念同化属于接受学习的范畴，学生往往通过老师的讲解或书籍、视频的指导来学习新的概念。

1.概念同化策略包含的心理过程

（1）唤起学习者已知的表象，建立表象联系。记忆表象是指感知的事物不在面前而在头脑中再现出来的该事物的形象。

（2）揭示概念的本质属性，给出定义和名称符号。概念的本质属性不同于其他概念之处，是通过比较分析，突出概念的特点。

（3）建立与学生认知结构中原有概念的联系。

（4）进行新旧概念的精确分化，突出新概念的本质属性，实现知识的正迁移。新旧概念的对比分析，突出特点，避免新概念与旧概念之间的混淆，避免概念的泛化与分化。

（5）把新概念纳入已有的知识系统中去定位，形成概念结构。

2.概念同化策略的学习方法

（1）全面探寻已有的固定观念。全面探寻已有的固定观念既有利于学生加深对新概念的同化层次，也有利于学生找到最优、最合适的同化联结；同时这也是学生积极调动原有知识结构的过程，有利于对原有认知结构的巩固和对新概念的精细加工，加深学生对新概念的理解和掌握。

（2）架构立体的同化模式。同化过程在学生概念学习过程中普遍存在，但是更多的是表层同化，形成的是新旧概念的简单归属关系，不利于学生对新概念的理解和记忆，作用有限。应该进一步挖掘新概念与旧概念间的同化关系，形成一个从上到下的立体同化关系链，有利于学生建立新旧概念之间的本质联系，加深新概念理解层次，形成知识体系。

（3）逐级提升同化水平。在新旧概念间形成同化关系时应注意同化的水平是由低到高逐层递进的，在低水平的同化关系未能完全形成时就尝试更高水平的同化，不利于学生正确把握新旧概念之间的同化关系，会使更高水平的同化关系更难以完全形成，不利于学生对新概念的理解和掌握。所以逐级提升同化水平，遵循学生对新概念同化的层次规律，有利于学生更好地形成正确的同化关系。

（4）同化与分化有机整合。在同化的过程中不能一味地关注新旧概念的同化关系，也应注意与新概念或与其相同层次的其他概念之间的分化过程。学生在学习过程中应将同化与分化有机整合，这样更利于学生在形成新概念同化的同时对新概念与同层次概念之间的辨别区分，理解新概念的本质特征。

二、记忆策略

记忆是人脑对经验事物的识记、保持、再现或再认，它是进行思维、想象等高级心理活动的基础。记忆根据不同的分类依据而有不同的划分，如根据内容分类，可分为陈述性记忆和程序性记忆；根据时间长短分类，可分为瞬时记忆、短时记忆和长时记忆等。

深度学习的高中生物教学常用的记忆策略有理解记忆策略、有意记忆策略、感官协同记忆策略、联想记忆策略、精选记忆策略、归纳记忆策略、语音记忆策略等。下面介绍两种最常用的记忆策略：

（一）有意记忆策略

有意记忆是有明确记忆目的并采用相应记忆方法和努力的记忆。教师提前告知学生需要进行考核，学生会主动寻找适合自己的记忆方式去记忆有关知识，形成较好的记忆效果。促进学生的有意记忆，教师在深度学习的高中生物课堂教学中可以采用如下方法：

（1）引起学生兴趣，激发有意记忆。

（2）采用多种教学方式，增加感官协同记忆。

（3）加深学生理解，突出意义记忆。

（二）联想记忆策略

联想记忆是通过事物间的联系进行记忆的方法，即由一件事物想到另一件相互联系的事物，利用事物间的连接加深记忆。

三、笔记策略

中国有句古话叫作"不动笔墨不读书"。不管是课堂学习还是课外学习，学生最普遍的学习方法是适当做笔记。做笔记可以帮助学习者将注意力有效的集中在学习资料上，能够加强学习者对学习资料的理解，并且有利于唤起先前对所记内容的再认知，巩固所学的内容。笔记策略就是学习者在学习过程中对学习内容所做的标示、记录等。做笔记对于学生的学习过程而言，具有如下作用：

（1）做笔记有助于指引并稳定注意，培养学生课堂认真听讲的习惯。

（2）做笔记是一个积极思考的过程，可调动眼、耳、手、脑一齐活动，促进对课堂讲授内容的理解。

（3）做笔记有助于发现知识的内在联系，并有助于建立新旧知识之间的联系。

（4）做笔记有助于对所学知识的复习和记忆。

以笔记的载体为依据，笔记可分为书头笔记、另纸笔记和信息化笔记三类。书头笔记可分为标记形式的笔记和批注形式的笔记。另纸笔记可分为摘录式笔记、摘要式笔记、提纲式笔记和感想式笔记。

（一）康奈尔笔记法

康奈尔笔记法要求我们将笔记分为三部分。右边是笔记栏，用来记录课堂上老师讲解的重点，可以巧妙地运用各种符号和缩写总结课堂所学内容；左边是线索栏，课后复习时写下知识点框架、纲要等；页面底部总结自己对该知识点的感悟、听课反思、想法等。

（二）拆页笔记法

这种方法与康奈尔笔记法有相似之处，但它有一项独特的原则：把页面垂直分为两部分，左侧部分是主要思想，右侧部分是次要思想和感悟。在写笔记的同时也在组织所有内容，这是一种能够有效优化时间的好方法。在之后复习时，可以根据左侧内容回忆右侧内容以加深记忆。

（三）思维导图法

思维导图是有效的思维模式，应用于记忆、学习、思考等思维的"地图"。利于人脑的扩散思维的展开。思维导图是革命性的思维工具，对头脑风暴、项目规划或者将想法变为实际的步骤都是极佳的方式，导图的元素帮助使用者通过视觉轻松激发思维，创造联系。

（四）提纲笔记法

提纲笔记法就是用列提纲的方法，对书本或课堂的内容用简括的语句和条目的形式依次地进行记录，就像钢绳总揽渔网、绳索串起铜钱那样，把所学的知识按照条理用提纲"串"起来。

四、复述策略

复述是学习主体在记忆过程中对目标信息进行不断重复，以便能更准确、更牢固地记住这些信息。复述不仅有利于学习者理解、积累、内化语言，提高学习者的思维能力，更有利于培养学习者的创新意识及形成良好的语感等；还可以检查学习者对知识的理解情况，为其提供锻炼和表现的机会。

复述是短时记忆进入长时记忆的关键。短时记忆保存时间大约在一分钟之内，记忆的时间和容量都有限。长时记忆是信息经过充分和有一定深度的加工后，在头脑中长时间保留下来的记忆。长时记忆的容量很大，一般经过复述，短时记忆可以进入长时记忆。

复述策略可以分为维持性复述和精制性复述。维持性复述是教师引导学生在理解的基础上运用内部语言在大脑内进行原型复述。其作用是：①使信息暂时地保存在工作记忆中以便使用；②使记忆中的部分信息通过反复的、充分的复述而转换到长时记忆中去储存。精制性复述即学习者对学习材料进行重新加工、整理和改造，并在大脑中重现重要信息的一种复述。其作用是：①通过新旧知识建立联系，促进对新知识的理解，并使新知识进入长时记忆，更长久地保存；②通过精制性复述而进入长时记忆的新知识，当需要从长时记忆中提取时，能够更容易对信息进行检索。

使用复述策略时，需要注意以下几点：

（1）及时复述，分散复习。根据艾宾浩斯的记忆遗忘曲线规律，遗忘的速度先快后慢，在学习过后的一段时间里，遗忘的速度最快。在学习完相关知识点后，应该及时地复习，巩固相关知识。知识的学习也不是记住一次就一直存在记忆当中，需要规划好复述知识点的时间，反复多次地进行复述。

（2）过度复习。过度学习相对适度学习而言，是学习的强度超过恰好能掌握知识的强度。一般认为，当过度学习的量比适度学习多50％时，识记和保持的效果最好。所以过度学习，也不是越多越好。

（3）复述内容应精选。不是所有的内容都需要进行复述，学习有章法，复述有重点。在学习的过程中归纳、总结，然后多次复述重点内容即可。

（4）多种形式复述。复述不等同机械式重复，复述是建立在理解的基础上，同时要进行创造性的思考。复述除了口头复述，也可以采用划线、抄写等方式进行。

第三章　深度学习的高中生物教学模式

第一节　深度学习的高中生物教学模式设计

一、高中生物教学模式原理

（一）教学模式的含义

1.研究教学模式的意义

迄今，课堂教学作为学校教育的中心环节和最基本的组织形式，已是不争的事实。如何优化课堂教学成为教学工作谈论最多的话题。20世纪70年代以来，人们的注意力开始转向教学模式，人们发现研究教学模式，可以更好地把握教学关系，促进教学活动优化。教学模式作为教学论的重要概念，作为教学实践的重要范畴，正在被越来越多的教育工作者所重视。研究教学模式至少具有以下意义：

（1）教学模式研究本身不仅是目的，更是一种手段，它本身就含有一种方法论的意义。因此，它是教学工作的一个切入口，是教学研究的方法和科学的工作方法。

（2）教学模式研究是教学工作和教学行为理性化、概念化的重要途径，是经验型教师向更高层面发展的重要中介。

（3）教学模式研究有利于教师的实践能动性和创造性的发挥。教学过程理论具有高度的概括性和抽象性，教学实践具有丰富的活动性和可操作性。教学模式则可以较好地发挥教学理论具体化和教学活动方式概括化的中介作用，即教学模式是教学实践的产物，相对于实践是升华而高于实践，教学模式又是教学理论的演绎，相对于理论是派生而低于理论。因此，教学模式是教学理论和教学实践的"中介物"。研究和探讨教学模式，可以丰富和发展教学理论，又有利于指导教学的改革实践。

2.教学模式的概念

如上所述，教学模式是教学理论和教学实践的综合体。一种教学模式，总有一定的理论主张、理论倾向和理论论据。同时，课堂教学总是在一定的时空中进行，教学过程的诸要素在时空上的组合方式直接影响着学生学习的主动性和积极性，影响着教学效率和质量，关系到教学目标是否实现，教学任务是否完成。教学成功的关键在于教师对构成教学系统的组成要素的合理组合。这种组合方式是教学模式的核心问题，因此一种教学模式，必有一套成型的教学操作程序、规则和方法，可以在教学实践中具体运用。因此我们认为：教学模式是指依据一定的教学思想，对影响特定教学目标达成的若干变量（要素）的组合方式。

（二）教学模式研究的基本方法

研究教学模式应以"学习—实践—评价—创新—构建"相结合。没有哪一种模式是普遍适用的和最好的。既不能机械照搬已有的教学模式，也不能脱离科学的教学模式和方法而盲目地从事教学。任何一种课堂教学都是帮助学生更好理解自身（个性模式），在群体中如何更有效地进行学习活动（社会模式），高效率地掌握习得和处理信息的方法（信息加工模式），以及掌握各种必要的技能（行为控制模式）。由此可见，课堂教学的目标是多元的，教学活动常常是综合性的。一个能力较强的教师一般应在一个专题的教学中得心应手地运用多种教学模式。

1.学习教学模式

学习教学模式是指要了解和掌握各种基本的教学模式，对每一类教学模式应从"六要素（教学理论或教学思想、教学功能目标、教学结构及活动程序、师生交往系统、反馈方式、支持条件）"去认识。

2.实践教学模式

实践教学模式是指要有意识地选择、组合、应用教学模式，对自己的教学应能说出其模式的来源，能表达为什么选择这种（些）模式。每一个教学模式都有特定的功能、适用的情境和条件，同时教学过程又是千差万别的。教学模式的选择要从教学实际出发，具体来说，应该依据和考虑教学目标、教学内容和性质、学生的认知结构水平、教师自身的特点和教学物质条件等因素。教师应全面、综合地考虑这些因素，对教学模式择其善者而从之。

3.评价教学模式

评价教学模式主要是指运用模式内涵评价实际教学或对实际教学的模式运用作出恰当的评述（点）（包括可行性、适用性、实效性、变通性）。世间不存在放之四海而皆准的最优教学模式，任何教学模式总是依据一定的条件发挥作用的。因此，我们所要探讨的不是去评定哪一种模式最佳，而是哪一种模式的哪些侧面针对什么目的可以取得什么效果。

4.创新教学模式

一是运用新的价值理念对已有的教学模式功能的再发现，如 20 世纪中期形成的布鲁姆的掌握学习模式和巴班斯基的教学过程最优化理论，至今仍在教学领域发挥作用，但其内涵已超越过去而更为深刻和丰富。二是按照素质教育的价值理念对已有的教学模式功能的重新组合，即教学不能固守单一模式，教学往往是对具有不同功能倾向的多种模式的组合变通。其组合的过程具有创新的含义。

5.构建教学模式

从方法论的角度看，教学模式的构建不外乎两种方法：演绎法和归纳法。

（1）演绎法

以一定的教学思想和理论为指导，从一种科学的假设出发，推演出相应的课堂教学模式，然后将所设计的教学模式付诸实践，通过严密的实验对原先的设计和预计效果进行验证（检验），再经过完善和发展，最后形成相对稳定的模式。它的起点是科学理论假设，形成模式的思维过程是演绎。

运用演绎法构建教学模式的关键在于假说。假说是思维形式之一，是理性认识形式，是人们在科学研究活动中由已知推测未知所采用的一种思维形式。

运用演绎法构建教学模式的重点是教学实验。教学实验不仅具有实践的功能，而且具有认识的功能。教学模式的生成有赖于教学实验，没有严格意义的教学实验，模式的假设就得不到演绎和验证。

（2）归纳法

从教学实践出发，对课堂教学实践的经验进行分析、概括和提炼，并在教学理论的指导下，构建成教学模式。它的起点是经验，形成模式的思维过程是归纳。用这种方法形成的模式，有的是在总结前人的各种经验的基础上进一步加工改造而成；有的是对现阶段许多优秀教师在教学实践中积累起来的先进经验加以总结、升华、系统化而成。用归纳法构建的模式往往是教学改革的行动研究的成果。

（三）深度学习的高中生物教学设计的基本模式

近几年，我国深度学习的高中生物教学设计的基本模式在继承的基础上力求创新，形成了一些相对定型的、可行的、各有特色的和针对性的教学模式。

1.传递——接受教学模式

鉴于我国高中生物教材内容长期以来多以陈述性知识为主，教学中普遍采用传递——接受教学模式。它源于苏联凯洛夫等人的"五段教学模式"，但在实践中经注入现代教育学和现代心理学思想而获得改造，结构和内涵更臻成熟。

（1）理论依据

以辩证唯物主义认识论以及现代教育心理学为理论基础。

（2）功能目标

主要是为了掌握记忆的知识，运用于系统知识、技能的传授和学习。

（3）实现条件

以教师讲解为主的教学方法，教师直接控制教学过程。

（4）教学程序

按学生认识活动的规律来加以规划，其基本程序是：激发学习动机——复习旧课——讲授新知识——巩固运用——检查评价。通过教师传授使学生对所学习的内容由感知到理解，达到领会，然后再组织学生练习、巩固所学的内容，最后检测学生学习效果。

（5）模式评价

这种教学模式在教学实践中长盛不衰。其优点是能使学生比较迅速有效地在单位时间内掌握更多的信息，突出地体现了教学是一种简约的认识过程的特性，但这种教学模式，学生处于接受教师提供信息的地位，不利于学生学习主动性的充分发挥，多年来受到各方面的批评。然而正如美国教育心理学家奥苏贝尔指出：接受学习不一定都是机械被动的，关键是教师传授的内容是否具有潜在的语言材料，能否同原有的知识结构建立实质性联系；教师能否激发学生主动地从自己原有的知识结构中提取有联系的旧知识来同化和顺应新知识。如果这两点能实现，这种教学模式在掌握知识技能中的独特功能是无法否定的。

2.自学——指导教学模式

这是指教学活动以学生自学为主，教师的指导贯穿学生自学始终的教学模式。

（1）理论依据

①"教为主导、学为主体"的辩证统一的教学观。教师的主导作用主要体现在提出

学习目标、要求，安排学习计划、内容，指导学习方法等；学生的主体作用只有通过学生主动的学习才能实现。

②"独立性和依赖性相统一"的心理发展观。高中生的独立意识日趋增强，但认识能力、自我控制和自我评价能力滞后，在学习上离不开教师的指导，教师既要尊重学生的独立性，又要加强正确指导，培养他们的自学能力。

③"学会学习"的现代学习观。当代知识更新过程加快，培养学生自学能力，教会学生学习比单纯传授知识更重要。

（2）功能目标

以自学能力的培养为主要目标，实现以"讲"为主向以"导"为主的转变。

（3）实现条件

①教学过程要以"学"为主体，以"导"为主线，教师是"指导者""引导者"，做到"道而弗牵、强而弗抑、开而弗达"。

②教师要设计要求明确的自学提纲，提供必要的学习资料，并指导自学方法。

（4）教学结构

①启动。教师设置问题情境，激发学生的学习欲望，使学生处于"愤悱"状态。

②读练。让学生带着问题，以事先由教师编制的"索引题"为导引而读书，通过自学教材，填写"索引题"。其间可以组织学生进行小组讨论。

③矫正。即运用信息反馈，巩固强化知识。

④小结。一般由师生共同完成，注意知识与实践的结合，对所学的知识加以引申和提高。

（5）模式评价

自学——指导教学模式可以提高学生学习的主动性和增强其主体意识，有利于学生自学能力和学习习惯的培养，加速其抽象思维能力的发展。根据实验证明，经常采用自学——指导教学模式的初中学生，其自学能力普遍接近于按常规教学的高一学生的水平，有利于适应学生的个性差异，更好地解决集体教学中因材施教的问题。采用这一教学模式，教师虽然少讲了，只起点拨、解疑的作用，但对教师的主导作用要求更高了。如果教师不能做到这一点，自学就会导致自流，这种模式的优越性就难以体现。

3.目标——导控教学模式

这是一种以教学目标为导向，以教学评价为动力，以矫正、强化为活动核心，大面积提高教学质量的一种教学模式。

（1）理论依据

该模式主要依据美国教育家布鲁姆的掌握学习理论，同时结合控制论原理和我国生物教学的改革实际创造性地建构成型，并广泛地运用于生物教学。

（2）功能目标

面向全体，使大多数学生能掌握所学习的内容，大面积提高教学质量。

（3）实现条件

教师教学目标明确，特别是要在课程计划和教学大纲的背景中体会单元目标。教师要安排好单元教学内容。分析各单元之间每个知识点的层次关系，并用行为目标去准确界定学习结果。

（4）教学结构

①前提诊断。对当前要学习的单元教学内容所涉及的基础知识进行简短的检查、提示、复习、回顾，为学生简化新知扫清障碍。

②引入新课，明确目标。教师通过情境、问题、活动等方式展示目标，激发学生学习动机，增强其达标的动力和信心。

③扣标展开教学。教师或引导学生根据目标阅读教材、观摩标本、模型、挂图，达成识记目标和理解目标；或教师通过讲授、提问、练习等形式展开达标教学活动。对重点、难点的内容，教师要运用精讲、启发、点拨、释疑的方式来组织教学，这就需要教师加工处理好教材信息，从目标要求出发，善于将教材中的静态信息转换重组为具有传输功能的动态信息。

④扣标练习、测评矫正。教师及时提供预先设计好的达标练习题，从认知、能力和情感的不同层次、不同侧面让学生练习测试，并进行达标评价，从中获得反馈信息，并及时采取强化补救措施。评价的方式可以是教师评价学生、学生自评或互评。

⑤系统归纳总结，强化目标。在完成上述教学任务后，教师要站在单元的高度组织学生对学习内容进行概括总结，使知识系统、条理、整体化，使学生对新知识有一个更高层次的飞跃，从而将所学知识纳入整个教材的知识系统中去。

（5）模式评价

目标——导控教学模式强调教学目标要合理定位，要明确具体，使教师的教和学生的学做到有的放矢，克服教学中的随意性和盲目性；强调教学过程中教师要注意调动学生学习的外显行为，使学生清楚地知道自己的达标程度。使教师准确掌握教学的反馈信息，从而有效导控教学过程。目标——导控教学模式对激发学生学习兴趣，调动学生学习积极性，培养学生各方面的能力和态度，提高教学质量有明显的优越性。

4.引导——探索教学模式

该模式是一种以解决问题为中心，注重学生独立活动，着眼于创造性思维能力和意志力培养的教学模式。这种在教师引导下发现问题、提出解决问题的方法并通过自己的探索活动找到答案的教学模式，也叫问题——探究教学模式。

（1）理论依据

这种教学模式的理论基础是布鲁纳的发现教学理论。布鲁纳认为教学过程是学生参与生活的过程，学生的学习是现有经验的继续改造和丰富。因此，教学不应该只是讲和听，而必须通过亲身活动去感受、探究、发现和升华。

（2）功能目标

引导学生通过观察、实验、阅读等探索过程，发挥学生的学习积极性和主动性，培养学生善于发现问题、分析问题和解决问题的能力，养成学生探究的态度和习惯，逐步形成探索的技巧。

（3）实现条件

①师生处于协作关系，教师引导学生通过主动探究来学习，把学习知识的进程和探索知识的过程统一起来；

②教师要用最精练的语言，为学生创设一个认识上的困难情境，使学生产生一种想解决问题的心理需求，从而认真探索所要研究的问题；

③学生必须具有相应的知识经验储备；

④教师必须为学生提供必要的资料。

（4）教学结构及师生角色

①引导。该模式主要是根据教学要求提出问题，使学生有明确的探索指向性。问题引导的方法应多样化，如直接设问引导：学习"叶的呼吸作用"之前，教师问："我们已经知道绿色植物在进行光合作用时把光能转变为化学能并储存在有机物里，那么绿色植物本身怎样才能利用贮藏在这些有机物里的能量呢？"由此导入一个新的问题——"叶的呼吸作用"的探究。

②探索。围绕问题通过观察、实验，并结合阅读教材，有计划、有步骤地探求新知。一般分为两步：第一步从观察、实验入手。探索的主要方式是引导学生亲自观察、实验，教师围绕实验内容和教材内容编制阅读提纲或表格，引导学生把实验现象和对结果的观察与阅读教材结合起来，为下一步进行归纳做好准备。

③归纳。就是学生在教师的引导下，创造性地解决先前所提出的问题。归纳是感性认识升华为理性认识的过程。通过归纳得出准确的结论，使学生习得分析和解决问题的思维和方法，使知识、方法、态度内化为身心素质。

（5）模式评价

引导——探索教学模式的最大优点在于使学生学会如何学习，如何发现问题，如何探求并加工信息，因而有利于培养学生的探索能力和科学素养。但其也有一定的局限性，一般适用于程序性知识的学习，并需要学生具有一定的经验准备。

以上介绍的只是深度学习的高中生物教学中常用的几种教学模式，每一种模式又可以有多种变式，教师应根据教学内容和学生的年龄特点来选择和组合适当的教学模式。

二、深度学习的高中生物教学的基本方法

（一）以语言传递（交流）为主的方法

1.讲授法

讲授法亦称"口述教学法"，是指教师通过口头语言向学生系统传授知识的方法，包括讲述、讲解、讲读、讲演四种方式。其优点是教师有较充分的主动性，易于控制所传递的知识内容，可使学生在较短的时间内获得较多的系统连贯的知识。这种方法比较突出地体现了教学作为一种简约的认识过程的特性。其弱点是，这种方法的运用客观地使学习者处于接受教师提供信息的被动地位，不利于学生主动性的发挥。因此，如使用不当，学生的积极性、主动性可能受到压抑，课堂教学可能变成"满堂灌""填鸭式"教学。讲授法在生物教学中是应用最广的一种教学方法，其使用的条件是：教师具备较强的语言表达能力与组织学生听讲的能力，能根据不同性质的教学内容和学生的实际水平，灵活变换讲授的具体方式并与其他多种教学方法有机结合。

讲授法的基本步骤是：提出关键性问题，明确问题，引出例证，分析研究，归纳总结。其基本要求是：

（1）语言清楚，语速适当，感染力强；

（2）使用了丰富的感性材料；

（3）知识内容输入方法与学生认知阶段相当；

（4）运用恰当的例子，使学生感兴趣；

（5）提出关键性问题，重点内容加以强调；

（6）使用逻辑与类比，语言有启发性，使讲解条理清楚；

（7）不断深化和巩固知识，与学生相互呼应。

2.谈话法

谈话法亦称"回答法""问答法"。其是教师根据学生已有的知识和经验提出问题，引导学生积极思考，通过师生之间的对话得出结论，以获得知识的教学方法。谈话法有效使用的条件是：教师具有较强的教材驾驭能力与应变能力，能在新的教学情境中抽象、设问出最基本的教学问题。谈话法是教师劳动中最富有创造性的一部分，它使教学内容处于不断转化之中。谈话法在深度学习的高中生物教学中应用的主要方式有以下几种：

（1）启发式谈话。通常是为传授新知识而进行的谈话。一般由教师根据教学目的提出一系列前后连贯而富有启发性的问题，引导学生根据已有的知识经验，或根据对事物的观察，进行积极的思考后作出正确的回答。教师提出问题的主要依据是教材，但教材的编排程序主要体现知识的科学逻辑顺序，不一定适合谈话的教学过程。谈话的教学过程要考虑学生思维的心理逻辑顺序，因此教师必须对教材内容进行转换，重新编码，以形成既能激发学生思维，又符合教材的知识体系的谈话序列。

（2）问答式谈话。课堂教学离开师生之间的互动交流是难以进行下去的，而互动交流最常用、最主要的方式是师生问答。问答式谈话教学的功能主要有以下几个方面：一是诱发学生参与教学；二是提供学习线索；三是提供练习与反馈的机会；四是促进学习结果的迁移。

问答式谈话的表现形式有两种：一是质问式。教师在谈话中几乎完全控制着问答过程和方向。教师通过频繁的提问，检查学生对教材内容的掌握程度或引导学生沿着教师预先设定的轨道前进。二是对话式，教师提出问题请学生表达自己的观点，并在学生观点的基础上再提出新问题；学生也可以向教师质疑，就某一问题共同探讨，学生对问答的进程和方向有较多的支配机会。

问答式谈话的关键是教师的设问。"提出一个问题往往比解决一个问题更重要"。在教学中，提出问题不是件容易的事。所提问题能否引导谈话顺利进行，就要看问题能否有效地启发学生的思维。常见的设问策略有以下几种：一是通过观察生物标本、模型、实物，观看录像、演示实验等直观手段，直接地把问题呈现到学生面前；二是从已学知识中分析、引申，揭示新矛盾，提出新问题；三是通过介绍日常生活和生产实践中的某些现象，唤起学生探求的欲望，形成悬念，进而转入探求问题答案的思维活动；四是针对学生容易混淆或错误的概念、环节提出问题；等等。

3.讨论法

这是在教师指导下，由全班或小组学生围绕某一中心议题发表自己的看法，从而进行相互学习的方法。讨论法的用途十分广泛，除了能促进学生加深对知识的理解外，还能为学生提供群体思考的机会。学生在群体思考过程中进行思维碰撞，互相启发，互相补充，有益于摆脱自我中心，增长才智。讨论法还可以促进学生的交往，促进他们掌握各种社会交往技能，如善于倾听、勇于表达、乐于吸纳、综合理解以及团结协作、表现自我等。运用讨论法需要学生具备一定的理解能力和独立思考能力，学生通过讨论、争辩，掌握知识更加深刻、准确，思考问题与语言表达能力更敏捷。

讨论法一般不拘泥于某个固定的结构模式，而是以"围绕重点，激发兴趣，调动思维"为指导思想，根据不同的教材内容采用不同的组织方式，尽可能地给学生创造更多的讨论和发言的机会，努力创造一个轻松、舒畅、思维活跃的教学环境，以提高教学效果。

讨论法的运用主要有三点要求：

（1）论题设计。讨论法运用的关键是拟定论题。讨论的论题通常来自学生的反馈信息。选题应有启发性，诸如一些有争议性的问题，教学的重点、难点内容的问题，学习方法的问题等。例如："细胞中何种结构相对重要些""谈遗传解题技巧""生物学习中如何提高记忆效率"等。一般讨论前应允许学生预先准备。

（2）过程设计。讨论法的教学过程一般是先让学生代表作"中心发言"，简明阐述自己的观点和依据，然后进行辩论。教师则充当"导演"的角色加以引导。

讨论法的运用如果驾驭不得当，则会流于形式，因此教师不仅要深入研究教材，精心设计讨论内容和程序，还要研究学生遇到这些问题会怎么去想，会遇到哪些困难，产生哪些错觉，做到心中有数。在讨论中教师要随时加以引导，开启学生思路，出现分歧或讨论不得要领时要及时点拨，引导学生及时调整自己的思维方式，使其能抓住关键，避免陷入枝节问题而耗时过多。当有新的论点时教师应热情鼓励。

（3）小结设计。讨论结束应有小结，包括进行必要的比较综合，归纳正确的结论，使知识深化、扩展；回答讨论中的疑难问题，介绍有关方面的研究动态和成就，开阔视野，进一步激发学习热情。

（二）以直接知觉为主的方法

1.演示法

演示法是指在教学过程中围绕某些能被感知的事物，通过展示向学生提供视觉材料信息，让学生明白事理、获得知识和能力培养的方法，是一种教师演示、学生观察的活动。演示法使学生从感性上获得对客观事物的表象，为理性认识打下基础。演示法一般分为静物演示和动态自然现象的演示。演示法与教学的物质技术方面的关系极为密切。因此，随着科学技术的进步，新的现代化媒体不断涌现，使演示能超越时空界限，将过去、未来、宏观、微观的生命现象生动地展示在学生面前。

演示法常与讲授法等配合使用，其设计要求是：

（1）按照教学任务和教材逻辑事先考虑好演示目的、所用教具以及在何时用何种方法等。

（2）用于演示的对象能突出当前所学材料的主要特征。

（3）使所有学生都能清楚、准确地感知演示对象，并引导他们在感知过程中进行分析综合，以区别其主要特征。

（4）全部组织工作要有助于激发学生的观察兴趣，发展其求知欲、主动性和抽象思维。

在演示法的运用中，"演"是为了"示"，"示"是为了学生获得优质的观察效果。而观察是与思维活动紧密结合的知觉过程。因此，演示必须与启发思维结合才能发挥其教学功能。

2.参观法

参观法是指组织学生到大自然或社会特定场所直接观察、接触客观事物或现象，以获得新知识和验证巩固已学知识并发展智能的教学方法。参观法的主要功能是：能够扩大学生眼界，丰富教学信息量，激发学生求知欲；有助于学生理解生物体与其生活环境的统一性及生物界进化发展的规律；能巩固和发展学生在课堂上所获得的知识并能进行生产技术教育，有效地把教学和生产、生活实际紧密联系起来；能有效发展学生的观察能力、思维能力和独立工作能力。

运用参观法的基本要求：

（1）参观前，教师要实事求是地根据教学要求和现实条件，向学生说明参观的目的、要求、参观对象、重点内容、集中地点、结束时间等，并在校内外做好充分准备。

（2）参观时，教师要根据不同的参观类型提出不同的具体指导，与讲授、说话、讨论等方法结合，组织学生全面看、细心听、主动问、认真记，让学生获得真切的体验。

（3）参观后，教师要检查参观计划的完成情况，总结、归纳参观的重点内容，布置作业（写出参观报告），以巩固学生的参观收获。

（三）以行为训练为主的方法

1.实验法

实验法是指在教师的指导下，学生运用一定的仪器、设备、材料和药品，通过科学方法，对生物体的形态结构、生命活动现象与规律进行研究的教学方法。

科学实验是人们认识和变革客观世界的主要实践活动之一。生物学是一门以实验为基础的科学，因此实验教学方法是生物教学的重要手段之一。通过实验法的运用不仅能使学生获得深刻而牢固的生物学知识，更重要的是能培养学生学会观察和学会分析，综合运用生物学知识的基本技能，激发学生生物学习兴趣，培养学生实事求是、严肃认真的科学态度，发展学生的生物学习能力。

高中生物实验教学的种类繁多：按实验内容分，有形态学实验、解剖学实验、生理学实验、生物化学实验、生态学实验、生物分类学实验、遗传学实验。按实验的方式分，有演示实验、学生实验和课外实验。按实验的结构分，有探索性实验和验证性实验。

2.实习作业法

这是教师组织学生在校内外进行实验操作，把课堂上习得的理论知识、技能运用于实践的方法，如标本采集及制作、植物栽培、动物饲养等。它的作用在于理论联系实际，培养学生运用书本知识的技能，以及在新的情况下解决问题的能力。

3.练习法

这是在教师指导下，学生运用所学知识、技能解决同类课题的方法。一般分为基础性练习和发展性练习。基础性练习包括：一是预备性练习，如讲新课之前重复旧知识的练习，以期达到温故知新的效果。二是训练性练习，即针对新知识的巩固需要而进行的组题练习，以达到加深理解和强化记忆的效果。发展性练习又称创造性练习，其实质是在新情境下发展学生的综合性思维的练习，如单元综合练习和科内综合练习等。

三、深度学习的高中生物教学方法变革

教学方法领域的革故鼎新，为生物教学注入了强大的活力，生物教学方法的改革呈现一派蓬勃生机。生物教学方法改革经历了"基本方法—组合方法—引进方法—创新方法"的发展历程，形成了一个山花烂漫、五彩缤纷的改革态势。

（一）生物组合教学方法

前述的生物教学基本方法，是具有单一性的方法，一般情况下，这些方法都很少单独使用，而常常是两种或两种以上配合起来，构成一个组合，共同完成特定的教学任务。具有代表性的生物组合教学方法有叙述演示法、复习练习法、观察实验法等。

1.叙述演示法

叙述演示法是向学生传递生物学基础知识，同时示范某项基本技能的组织教学法。叙述包括讲述、推理、谈话、问答等多种语言信息的传递交流，其间还要演示与语言信息相适应的、能收到最大感知效果的生物标本、模型、挂图，或具体的实验操作行为。使叙述的信息与演示的直观手段形成互补效应，以最佳地达成预定的教学目标。

2.复习练习法

复习练习法是将知识复习和心智技能练习组合起来实施教学的方法，可以是师生共同进行，也可以指导学生独立进行。通过复习来加强记忆和促进练习；同时也通过练习来加强理解和强化复习。其中还包括了谈话、问答、笔练、读书、叙述、操作、观察等多种方法的运用。

3.观察实验法

观察实验法是指借助仪器、材料、药品，通过实验操作而呈现生命现象，使学生获得清晰表象，以达到学习新知、习得技能、发展能力的方法。观察法与实验法是生物科学研究的基本方法。两者的组合运用，对提高学生学习兴趣和学习的主动性、积极性，培养理论联系实际和实事求是的科学态度，提高学生的科学素养具有重要的意义。

（二）生物引进教学方法

引进是生物教学方法变革的另一条途径。20 世纪 80 年代以来，我国借鉴国外教学经验，引进了不少教学方法。

1.发现教学法

发现教学法通常由教师设计适当的问题或某些比较巧妙的教学安排，让学生在旧知识与新知识之间架起一座桥梁，使他们发现未曾认识的各种生命现象的特征或规律，从而建立起新的概念和理解，以及伴随而来的对自身能力的自信，并在发现中发展自己分析问题和解决问题的能力。

2.掌握学习教学法

此法要求教师把教材内容划分成具有一定长度的单元，并围绕单元目标实行三种性质的检测：①诊断性检测（诊断学生是否已掌握单元学习的基本知识）；②形成性检测（即单元过关测验）；③平行性检测（针对"目标差"进行补救性教学之后的检测）。

由此可见，掌握学习教学法并不是指一堂课内使用的教学方法，而是整个教学阶段所规定的教学指导思想和操作程序，也可视为一种教学策略。

3.活动教学法

此法由瑞士心理学家、教育家皮亚杰首先提出。其理论基础是活动学习理论：知识的学习总是和动作、运算联结在一起的。因此皮亚杰提出教学是学生动手又动脑的活动。

运用此教学法时，学生分组而坐，学生的座位是多向的，而教师没有固定的位置，教师既可实行整体教学，又可实行分组教学和个别教学。活动教学强调学生活跃地、生动地学习，教师不是灌注、监管，而是激励、引发、安排、咨询和辅导。活动教学有利于面向全体学生，同时适应个性差异。

以上三种引进的教学方法已被深度学习的高中生物教学广泛使用。此外还有程序教学法、暗示教学法、参与教学法等。

（三）生物教学方法的创新

生物教学方法的发展给我们以启迪：生物教学方法是生物教学动态系统中的一个能动的要素，它本身就是一个不断运动变化、不断推陈出新的动态子系统。生物教学设计应当探寻生物教学方法运动变化的规律，把握它的发展趋向，遵循它的发展途径，在方法改革中不断创新。

纵观生物教学方法改革的历史经验和现实状况，生物教学方法的创新发展趋向应主要把握以下三大特征：

1.主导和主体有机结合

生物教学过程是师生互动的动态过程。生物教学方法是教法与学法的有机统一。随着一个时期处于支配地位的教学论思想的更替，教学过程理论和教学方法理论也相应变化。一时主张教学应以教师为中心，以教师的灌输为主；一时提倡以学生的自学为主。这种变更，古今中外千百年来已发生过多次。历史是一面镜子，历史的经验促人警醒：经过一番否定之否定以后，我们才有"主导、主体辩证统一"的教学观。深度学习的高中生物教学必须坚持教师为主导，学生为主体，生物教学方法必须体现这种主导、主体的有机结合。

2.知识与能力同步协调

生物教学过程是一个传授知识、培养能力的过程。生物教学方法应用时兼具传授知识和能力培养的功能。传统教学理论注重知识的传授而忽视能力的培养；现代教学论的某些新观点片面强调能力培养，否定或忽略了知识的功能，走向另一个极端。我们主张用基本事实的知识来发展和增进每个学习者的思考和解决问题的能力，因此正确的知识必须与技能，即运用知识的心智技能和行为技能结合起来。深度学习的高中生物教学方法必须有利于知识和能力两种教学的同步进行。近年来国外出现"第三程度"理论，即学生掌握知识和运用知识，按深度分为三种程度：第一程度是掌握信息，第二程度是具体运用信息的技能技巧，第三程度是关于信息的创造性活动。像发现法、问题教学法、范例教学法、暗示教学法等便是以实现"第三程度"为目的的教学方法。坚持知识教学和能力训练的同步进行和协调发展，实际上反映了培养学生"第三程度"的基本内涵。

3.认知与个性和谐发展

认知指学生的认识能力，即智力；个性指学生非智力心理特征。智力与非智力因素的和谐发展，实际上就是人的全面发展教育思想的体现。苏霍姆林斯基提出："作为全面发展的理想的个性是和谐的，没有和谐的教育工作就不可能达到和谐的发展。"对于生物学习来说，观察、注意、记忆、想象、思维等智力因素，是学生学习的操作系统；而动机、兴趣、习惯、情感、意志等非智力因素，则是学生学习的动力系统，两者和谐发展才能全面促进学生的生物学习。深度学习的高中生物教学方法设计应把两者结合起来，促进学生认知水平和个性心理的和谐发展。

四、深度学习的高中生物课堂能力培养的教学模式设计策略

自 20 世纪 50 年代以来，随着分子生物学的迅猛发展，在全世界开展了一场带有广泛性的教育革命。其焦点集中在教育目的要强调突出学生的能力培养上，即在教学过程中除强调"双基"（基础知识和基本技能）外，还要加强对学生智力的开发和能力的培养。

生物学能力就是以学生思维为核心，把生物学基础知识和基本技能结合起来去分析、解决生物学问题的一种思考和行动的综合表现。它涵盖了观察能力、思维能力、动手能力、自学能力、识图与绘图能力、表达能力、想象能力等方面的内容。其中观察能力、思维能力、动手能力、自学能力是生物学课程的四项主要能力目标。

（一）培养观察能力的教学模式设计策略

高中学生好奇心强，一般对生物学实验观察特别感兴趣。但是，如果观察目的不明确，观察兴趣指向偏差，基础知识、基本技能缺乏，观察方法不当，观察过程仅停留在知觉水平，缺乏思考等因素都会影响学生的成功观察，不利于学生观察能力的培养。因此，在教学设计的策略上要注意以下几个方面：

1.深入研究学生，科学认识影响学生成功观察的主客观因素，这是培养学生观察能力对教师最起码的要求。

2.以具体生动的生物学事实说明观察能力对生物学的重要性，提高学生对这方面的科学认识。空洞的说教在这点上收效甚微，要利用生物学史进行教育，如细胞、光合作用、青霉素等重大发现都是通过仔细观察而产生的。

3.以观察为教学的先导，并制订具体观察要求，量化观察结果。先观察实物或模型、图像，再进行知识的讲解是现行高中生物教材显著的编写思路和特点，教师要尽快采用适应教材特点的教学模式，才能取得良好的教学效果。

4.置疑启发，引导观察。观察是和思维活动紧密结合起来的知觉过程，在组织学生观察前，列出思考题，要求学生边观察边思考，并启发学生在观察中发现和提出新的问题。

5.加强科学观察方法的指导。在高中生物教学过程中，常用的观察方法有以下几种：

（1）顺序观察法

它是指引导学生由宏观（肉眼观察）到微观（显微镜观察）、由整体到局部、由表及里、由上到下或由下到上、由易到难的顺序进行观察，这有利于学生迅速掌握认知

规律。

（2）比较观察

在观察中发现观察对象的异同，这是培养观察的精确性和敏锐性的有效方法。

（3）重点观察

在观察中把注意力集中到重点观察的对象上，能抓住观察对象的本质特征。

（4）多面观察

根据形式和内容统一的原则，有目的地将多种直观手段进行选择和组合，把它们系统化，让学生学会从不同方面去观察和认识生物本质属性及发展变化的全过程。通常情况下，生物挂图、模型、板图、幻灯片等的观察要比观察实物机会多，即使是同一实物，学生看到的图形又是多层面、多角度的，如果不将各方面有机组织起来让学生多面观察，学生往往不易将图形与实物对上号，很容易由于单感知导致对事物本质认识的片面性。

（5）连续观察

要观察某种生命现象的全过程，就得打破课内外时间的限制，进行不间断的连续观察，并要及时做好观察记录，以巩固和发展观察成果，提高观察能力。

（6）表述观察

用形象化的语言来表述观察对象，让学生在观察中更好地对观察对象进行分析和概括。这种方法在生物课演示试验中常常采用，一方面教师用形象化的语言来指导学生的观察，另一方面学生用清晰的语言来表述自己观察到的现象和结果。这不仅培养了学生的观察能力，而且对学生表达能力的培养也大有裨益。

（7）摹像指示观察

对复杂的观察对象和观察能力较差的学生，可以借助生物挂图、模型、板图、幻灯片等摹像来帮助他们观察，以更好地辨别细微的特征和复杂的结构。在观察很陌生的生物（特别是微生物）的结构时，这种方法很有效果。

6.培养学生随时随地勤观察的习惯。俗话"处处留心皆学问"，生物学尤其如此。深度学习的高中生物教学要求教师授课时尽可能联系自然界和日常生活实际，激起学生课后观察的冲动与好奇心，还可利用课外活动小组让学生养成有意观察的习惯。

（二）培养思维能力的教学模式设计策略

生物课思维能力的培养有其学科特征的明显规定性，一般共同的教学设计策略有：

加强观察、实验等直观教学；教学活动要注意逻辑性和辩证性；教师要善于激疑与质疑；等等。但学生思维能力的种类不同，培养的手段和途径差异很大。在深度学习的高中生物教学中，由于学科及学生年龄特征，要着力培养学生的形象思维能力和发散思维能力。

1.形象思维能力培养的教学设计策略

形象思维能力是指在不出现实物或行动结果的情况下，在头脑中形成某种形象，凭借形象间接地反映事物之间的联系和关系。

生物学是以有形的生命体为研究对象，生物体的形态结构要依靠形象思维来记忆，古生物的面貌要依靠形象思维来再现，各类生物的发展规律要依靠形象思维来联系，生物学学科特征对形象思维能力要求特别高。从达尔文环球旅行收集大量古生物化石恢复古生物原形，揭示它们相互关系和发展规律，从而提出著名的科学进化论以及沃森、克里克提出 DNA 双螺旋模型等研究成果中，时时闪耀着形象思维能力的光辉。因此，在生物课堂中，必须高度重视对学生形象思维能力的培养。

形象思维从低级到高级有三个阶段：直观材料的再现，片段连接和形象综合，构建思想模型。三个阶段的特点不同，采取的教学设计的策略也有很大的不同。

（1）形象思维第一阶段——直观材料再现的教学设计策略

该阶段是建立在丰富感性材料基础之上的，感性材料愈丰富、愈全面，再现的形象就愈正确、生动。在高中生物教学中，绝大多数生物学知识是对生物体形态结构的具体描述和直观反映。因此，教师在演示教具时：尽可能提供生物体实物；要设计科学的观察顺序；讲解语言要生动明确；注意形象的巩固。为了使直观材料再现达到更高要求，教师要经常有意识地让学生回忆见过的材料，以检查学生形象再现的能力，强化形象思维能力的训练。

（2）形象思维第二阶段——片段连接和形象综合的教学设计策略

感性材料的再现是形象思维的初级阶段，适用于生物学简单、浅显知识的学习和掌握，对比较复杂的生物体结构和生理过程的学习，则需要通过片段连接和形象综合才能达到教学目标。片段连接和形象综合常用于生物体复杂结构和归纳性知识的教学。

（3）形象思维第三阶段——构建思想模型的教学设计策略

该阶段是指根据现有资料和实验数据进行科学合理的想象，作出科学合理的解释，是形象思维的最高阶段，是科学发现的先导。DNA 双螺旋结构的发现、自然选择学说的建立均是用这种方式产生的。在实际教学过程中，让学生多角度、全方位地考虑生物学问题，自行设计方案探索生物学现象或对有关实验数据作出科学合理的解释。

2.发散思维能力培养的教学设计策略

发散思维是美国心理学家吉尔福特根据思维探索答案的方向性提出的分类之一，它是指对同一问题从不同角度、不同层次、不同方面出发，得出多种多样的设想和解决问题的途径的思维过程。其显著特征是不囿于常规、不受固有模式束缚，多方向、多角度地分析问题和解决问题。实践证明，发散思维与创新能力联系更为紧密，培养学生的发散思维能力是培养创新人才的重要一环。在教学实践中，培养学生发散思维能力，以下做法比较有实效：

（1）消除学生的思维定式

思维定式是指按一种固定的思路考虑问题。在条件不变的情况下，思维定式可以提高思维效率，有其积极的一面。但在条件发生变化的新情境中，这种固定的思维模式会产生一种"负迁移"，妨碍新思路的形成，影响思维的广阔性和灵活性。因此，消除思维定式的负面影响是培养学生发散思维能力的首要问题。

（2）设疑启发

问题是激发思维的起点，矛盾是推动思维发展的动力。教学过程中问题设计得科学、艺术，能激发学生的学习动机，开阔学生思路，诱发学生求知欲，有利于发散思维的形成。设疑要从学生熟悉和关心的事物着手，设计问题尽可能有趣味性、启发性和探索性。

（3）创设情景

实践证明，学生发散思维的激发，往往与一定的情景有关，在教学中，教师要选择合适的发散点，精心创设问题的情景，研究和设计一些发散性问题，是培养学生发散思维能力的重要途径。结论是多样的，只要在情理之中，教师应给予肯定和鼓励。这是帮助学生克服思维呆板、僵化的有效途径。

（4）总结归纳

发散思维的最大特点是发散辐射广、思考方向多。但它的出发点和落脚点都离不开融合思维所得的结论。因此，在训练学生发散的辐射量的同时，还要进行思维的辐合，也就是对发散的结果进行归纳和整理，找出共同的本质特征，提高发散思维的质量。

实际上，创新思维的形成是发散思维和融合思维协调统一、综合运用、辩证发展的结果。它们互为前提、相互促进。之所以强调培养学生发散思维能力，是针对传统教学中过于重视求同思维、忽视创新思维的培养而提出的。

（三）培养动手能力的教学模式设计策略

在生物学教学中，培养学生的动手能力主要从理解知识入手，了解所要操作、使用的仪器、设备的性能，手脑并用，坚持实践操作，方能熟能生巧。在具体的深度学习的高中生物教学设计中，对学生动手能力的培养要注意以下几个策略：

1.大胆改革，不囿于传统的教学方法

长期以来，高中生物教学重书本知识，轻实践操作，总习惯按教材知识体系循序教学。但现行高中生物教材编写体系打破了传统教材的禁锢，在培养学生动手能力方面有所加强。这要求教师大胆改革教学方法，突出问题意识，让学生带着问题观察实物或标本、考察大自然和工农业生产，动手实验操作，然后让学生自学、讨论、交流、分析、汇报动手的过程和结论，教师概括、总结，从而得出科学准确的结论。

2.培养学生动手的兴趣

兴趣是最好的老师，它是培养学生动手能力的动力。

3.创设情景，多提供学生动手的机会

除了生物课实验操作外，教师还可组织学生参观生物园、农田、蔬菜基地，参加生物园的种植、养殖劳动和日常管理，开设课外活动小组，制作动植物标本等。教师要开动脑筋，广开渠道，尽可能让学生动起来。

4.对学生动手成果及时给予肯定与表扬，增强学生动手的能力

学生第一次操作常有失误或失败，教师不能横加指责，应以鼓励性、宽慰性语言耐心地指导，对学生动手成果要及时肯定与表扬。有经验的教师常把学生制作成功的装片、标本或实验的结果做示范性展示，这对实验成功的同学是一种积极的鼓励和肯定，对暂时没成功的同学是激励和促进。

（四）培养自学能力的教学模式设计策略

生物课培养学生自学能力的教学设计策略第一是要让学生充分认识到自学能力的重要性，特别是在提倡"终身教育"的时代。第二是要结合课堂教学，抓住时机向学生传授自学的正确方法，可从以下几方面入手：

1.利用教材，充分培养学生的阅读理解能力。结合讲课的进程，引导学生预习教材及阅读参考资料或课外读物，教师在课堂上提出问题，让学生在自学教材中概括出教材的要点和重点，自己寻求问题的答案。

2.训练学生查阅图书目录、参考资料、工具书等，学会整理目录卡片，有条件的地方可利用计算机检索文献资料。

3.教会学生系统整理知识，编写复习提纲，及时进行单元小结。

4.教会学生自我检查的技巧。

教学过程中，教师要教会学生用自己的语言复述教材，回忆教师讲课过程，自我检查作业，自考、自评或与同学结合进行互查、互评等技巧。

（五）培养识图、绘图能力的教学模式设计策略

生物图起到概括、浓缩知识的作用，它是生物学知识最形象、最明确、最生动的表现形式，为生物教学提供了有效的直观教具和学具。如何在训练次数有限的情况下，提高学生识图、绘图能力是很值得教师认真研究的问题。在生物课上培养学生识图、绘图能力的教学设计策略要注意以下几方面：

1.使学生明确识图、绘图的重要作用

这点切忌空泛说教，教师应结合教材实例讲明生物图起到的作用，还可联系《物种起源》《本草纲目》等科学巨著产生前生物绘图所作出的伟大贡献，甚至可以联系近年来高考、会考生物试题中图形类作答题有增无减的现象进行阐释。

2.使学生明确识图、绘图的能力要求

要求学生认识图示结构名称或理解图示中生命活动的含义，生物绘图与艺术性绘图有本质区别，其要求是：正确性、真实感，精细美观和特殊表现方法。

3.充分发挥识图、绘图在高中生物教学中的作用，掌握其原则和方法

学生对图像的认识和描绘是由形象具体到抽象的思维过程，由于学生思维的目的性、趋向性、序列性、灵活性等差异，都会直接影响到对图像语言的感受、贮存和处理。因此，要正确导向，通过识图、绘图要使抽象内容具体化（如"有氧呼吸过图解"），使科学理论形象化（如"碳循环"），还要适当引申，使单一图综合化。培养学生识图、绘图能力的方法有：

（1）设问读图法

此法有利于突出重点，分解难点，对全体学生的思维有启导、提示的作用，适于辨读那些着重反映概念、成因、原理和规律的插图，如有关生态学部分的内容。

（2）边讲边绘法

此法较适合学生初学复杂"过程"式图解的教学。此法可使学生产生"无意注意"，

调动学生视听两种知觉，教师的边讲边绘，还能使静止的图画按讲授程序变活，对学生的绘图能力培养起到示范的作用。

（3）填充补遗法

此法用于复习课较适合，教师有意画出一些不完整的图让学生补充或标注，达到培养其识图、绘图能力的教学目标。

（4）纠错订正法

该法的优点在于能直接检验出学生对所学知识的掌握程度，对促进有关知识的理解和记忆，纠正只重书本知识、轻生物绘图的学风，对培养学生观察、分析、解决问题的能力都有一定的功效。

（六）培养表达能力的教学模式设计策略

1.教师自身要明确表达能力培养的目标

在生物学教学中培养学生的表达能力是为了帮助学生更好地理解和掌握生物学知识并促进其智力的发展。因此，生物学表达能力的培养目标主要侧重以下两个方面：

第一，能准确表述生物学概念和原理。知识的掌握重在运用，对生物学概念和原理的掌握不能仅停留在意会上，还必须有准确表述生物学概念和原理的能力。其具体要求是：使用概念要准确、规范，不能把相似的概念混为一谈，不能以日常用语代替生物学专业术语，如呼吸不等于呼吸作用，斗争不等于竞争，排泄不等于排遗，稍不注意，这些概念就易混淆。使用生物学专业术语表述生物学概念、事实、方法和原理时要注意把握好恰当的尺度，避免概念范围过宽或过窄，如把种内斗争答成生存斗争，把体液调节答成激素调节。在说明生物学概念、现象及规律时，要注意一些限制条件的作用，避免问题的绝对化，如"同源染色体形状大小一般相同"，若去掉"一般"二字，对"XY"这对同源染色体就不好解释了。

第二，能够简练、准确地描述生物学问题。回答问题条理不清、拖泥带水、丢三落四、答非所问是学生表达方面常出现的问题。要做到语言简练、逻辑性强，学生必须在回答前先审清题意，注意关键词，明确所要回答的范围，先通过内部语言对材料思维加工、理清头绪、组织好语言。

2.培养学生的课堂表达欲望

课堂上师生间心理关系相容和谐，学生对教师教学的肯定，师生互动性强，可以激发学生课堂表达欲望，学生愿说、敢讲，表达能力会明显提高。这要求教师做到：平易近人，让学生充分接受；注意讲课情感，让学生体会关爱与温暖：要有耐心，让学生有自信心，允许学生提问、答错和改正。

3.教师做好示范，注重自己的表达艺术

学生的模仿能力很强，教师在表达上要特别留心、注意讲课、说话的逻辑性和科学性，否则会被学生在心里"抓小辫"，严重干扰学生上课思维的集中，对学生表达能力的培养极为不利。教师的课堂教学语言力求做到简明、生动、幽默，并注意表达节奏和轻重缓急、抑扬顿挫的语调变化。

4.创造实践机会，让学生多说、多练

课堂上学生口头表达能力的培养，教师要改变教学中"教师讲、学生听"的传统教学模式为"教师导、学生演"的教学模式。教师在备课时要设计好方案，在课堂上有条不紊地组织实施，不能随心所欲地提问题让学生随便地回答，这样是达不到培养学生生物学的表达能力的。

5.及时反馈，作出恰如其分的评价

课堂上对学生的表达所犯的错误要及时发现并鼓励其改正，对表达准确、清楚，问题回答完整的学生要给予积极的肯定。

（七）培养想象能力的教学模式设计策略

1.形象比喻、启发学生想象

借助已知生动形象的启发，使学生形成一个奇妙而又真实存在的印象，丰富学生的想象力。例如，DNA 空间结构，把它规则的双螺旋结构比喻为螺旋式楼梯；DNA、基因、脱氧核苷酸和遗传信息之间的关系，可以把一个 DNA 分子比喻成一首很长的乐章，一个基因好似乐章中的一个小节，每个脱氧核苷酸如同乐曲小节中的音符，遗传信息犹如乐章的旋律。通过这样的形象比喻，可以启发学生的想象力。

2.把微观结构用宏观数字表示，启发学生想象

人对客观世界的认识是从感觉开始的，感觉是认识的源泉。想象也不是凭空产生的，人不可能在想象中无中生有，利用学生已有的知识和经验，从而使学生产生对未感知事物的想象。这种把微观结构宏观化的方法，可以启发学生对微观结构的想象，从而达到进一步理解。

3.把静态的图像变为动态的过程，启发学生想象

生物学是研究生命现象及其规律的科学，它的重要特征表现在"活"字上。但生

物挂图、模型等直观教具是静态的，教师要重视启发学生从静态到动态的想象，通过"死物"观察，想象出"活物"的状态。例如，在有丝分裂章节的教学中，教师采用挂图讲解分裂期细胞核内部变化时，要注意把染色体、纺锤体、核膜、核仁等从静态变为动态，有利于启发学生的想象能力。

（八）培养实验设计能力的教学模式设计策略

1.加强培养学生生物实验设计的元认知

在高中具体的生物实验设计教学过程中，实验的原理、方法手段，一般都比较简单，但学生感觉比较困难的是不知如何着手，有时心里明白，但表达没有条理。究其本质原因，多数情况不是学生对生物知识的记忆或运用上出现问题，而是学生对什么是实验设计、实验设计的基本原则和一般方法没有基本认识和训练。

2.重视学生实验设计方法灵活运用的训练

整个实验设计的过程其实就是从起始状态想方设法地到达目标状态的过程，要完成这一过程，除了有清晰的思路外，还要讲究方法，最好能灵活运用这些方法。比较有广泛效果的方法有以下三种：

（1）试误法

针对实验的目标状态，充分进行发散思维、勇于探索、大胆想象，尝试采用多种设计方案，然后对设计的科学性、可行性和简约性进行评估，通过收敛思维，寻求最佳的设计方案。

（2）填补法

明确了实验设计的起始状态与目标状态可通过填补法来完成两者之间的差距。如"血液中的钙离子在血液凝固过程中起重要作用，缺乏则血液不能凝固。草酸钾溶液能与血液中的钙离子发生反应，形成草酸钙沉淀，起抗凝作用。请根据提供的实验材料和用具，简要写出实验步骤和实验结果，验证钙离子在血液凝固过程中起的作用"的实验设计过程中采用这种方法效果较好。

（3）类比法

利用已有的实验知识和技能，设计出有类比关系的实验。

3.拓宽思路，力争实验设计训练的多样化

不同类型的实验设计对学生的思维品质和学生的创新能力的培养有不同的训练作用。因此，教师要拓宽思路，力争实验设计训练的多样化。在实现高中生物实验设计训

练多样化方面可考虑以下几条策略：

（1）教师提出实验课题和实验原理，实验材料的准备、实验步骤的安排则由学生独立完成。

（2）模拟教材经典实验进行重复性设计实验。教材内容所列举的实验常注重原理和结论的提出，至于其具体的步骤和材料往往限于篇幅写得很省略，有的干脆不写。而这些经典实验设计的原理和方法往往十分巧妙且具有严密的科学性，模拟教材经典实验进行重复性设计实验可以训练学生实验设计的元认知，如植物生长素的发现等。

（3）教师提出实验课题，原理及各种过程由学生自己独立完成。

（4）教材中的课外实验、家庭实验、研究性学习课题也可以当成学生设计实验的训练。

深度学习的高中生物课能力的培养除了上面论述的八种能力之外，还有诸如分析能力、阅读能力、提问能力、语言能力、听辨能力、研究能力等。由于生物学学科特征决定，其中有些能力不是生物课能力培养的主要任务，如阅读能力、语言能力、听辨能力是语文或英语学科教学的主要任务。但要强调的一点是，并不是说这些能力在生物学科中不重要，仅由于篇幅的限制，难以作一一论述。

第二节　深度学习的高中生物新授课教学模式设计

生物新授课以传授、学习新知识内容为主要任务，注重学生对生物学基本概念、基本原理、基本技能和基本方法的理解和掌握，同时也承担着对学生各方面能力及观念态度的形成和培养的任务。新授课是深度学习的高中生物课堂教学最常见的课型。因此，掌握新授课的教学设计方法是高中生物教师的教学基本功之一。

一、新授课的课堂结构模式

（一）激发动机

学习动机是直接推动学生进行学习的内部动力，它是一种学习的需要，表现为学习的意向、愿望或兴趣等形式，对学习起着推动作用。激发动机阶段是整个学习过程的开始阶段。在新授课中学生形成动机有两种主要形式：诱因动机和成就动机。诱因动机即教师利用某种诱因，如有趣、吸引力大的导言，提出令人迷惑不解的矛盾问题等，以激发学生的学习动机。而成就动机则往往是教师把教学的目标告诉学生，让学生知道通过学习自己将获得的知识和学习的意义。因此，新授课的导言设计和提示目标便显得尤为重要。

（二）呈现新知

学生在产生了学习动机之后，就会把自己的注意力指向与学习目标有关的事物。通过教师讲述或学生阅读、观察挂图、模型、标本、电教图像、实验现象等不同方式，让学生获得感性认识，并形成清晰的表象。师生探讨和分析具体的材料，通过演示、论证、比较、讨论等方式，对材料加以综合、概括，得出概念、原理等理性认识。

（三）巩固应用

巩固知识，就是记住和保持所学的知识，以及必要时的回忆和再现；应用知识，是抽象知识具体化的过程。在新授课的巩固应用阶段，教师应创设新情境问题，引导学生用习得的知识去分析、解决问题，从而使生物学知识的理解更加丰富和深刻，记忆更为牢固和精确。

（四）达标检测

在课堂教学任务完成后，教师根据教学目标设置测试题，对学生的学习结果进行检测，以了解教学效果，并通过信息反馈，及时纠正错误，弥补不足，提高达标率。

二、深度学习的高中生物新授课教学设计

（一）教学内容分析

教学内容的载体是教材，它是教学的基本依据，是实现教学目标的媒介。生物教学，就是要把教材中的生物学知识传授给学生，并通过挖掘教材中隐含的、内在的价值，开发学生的智力，发展学生的能力，培养学生良好的个性品格。因此，在设计教学的过程中，首先要认真分析教材：

1.熟悉教材体系和教材结构

教材的知识内容具有整体性，而一堂新授课的教学内容相对地说只是局部的。所以，分析课时教学内容要注意立足全局，以整体指导局部，以局部体现整体。

2.确定教学的重点和难点

重点一般是指在某一单元或章节的知识中对今后进一步学习或解决问题起重要作用的知识点。重点首先是一个相对的概念，这是因为它是相对某个知识范畴（单元或章节）与其他知识点相比较而言的；同时，它也有绝对的意义，许多基础知识在生物学学科体系中的重要地位是很稳定的。因此，确定教材的重点，应很好地考虑该知识点是否处于某部分教材的核心或关键地位，是不是以后学习其他内容的基础，是否有广泛的应用等。

3.找准教材中思想情感教育的切入点

充分挖掘教材中的德育因素，把知识教育与思想教育有机地结合起来，在学习生物学基础知识的同时，让学生受到辩证唯物主义和爱国主义思想的教育。通过学习我国科学家和劳动人民在研究植物、动物、农业、医学等方面的伟大成就，学习我国丰富的动植物资源等知识，培养学生的民族自豪感和民族自信心，增强学生热爱社会主义祖国的感情。

4.挖掘教材中培养学生能力和科学素养的因素

知识经济时代已经到来，知识经济的本质就是创新，"创新是一个民族的灵魂"。因此，要通过生物学科的教育，加强学生的能力和科学素养的培养，鼓励学生的创新意识和开拓精神。

（二）教学对象的分析

学生是教学系统中的核心要素，在整个教学活动过程中所有教学要素，都是围绕

着使学生达到预期教学目标而组织安排的，教学质量与效果也是以学生是否达到预期目标来衡量的。因此，学生是学习的主体，实现学生的主体地位，不仅是教学过程的出发点，而且是教学过程的归宿。因此，在设计教学过程中，必须充分分析学生的认知准备状态、情感准备状态和认知的心理特点，以利于更好地设计教学，提高学生学习达成度。

1.认知准备状态

认知准备状态是指学生为学习新课而必备的旧知识和技能掌握的程度。学习的信息加工过程显示，新知识在记忆系统编码、贮存和提取的过程，是新旧知识相互作用的过程。学习的实质是新知识与学习者认知结构中已有的适当观念建立非人为的和实质性的联系。所谓实质性的联系，指新知识与学习者原有知识网络中的符号、表象、概念、命题建立联系。因此，教师应为每个学生做好学习新知识的铺垫，或为学习困难的学生进行有针对性的补漏，或通过复习旧课导入新课。

2.情感准备状态

情感准备状态是指学生对待新知识的兴趣、态度和完成学习任务的自信心的综合状态。学生对某一学习任务的情感准备状态，决定了他为完成该项学习任务准备付出多大努力的程度。因此，教师应根据学生实际，激发学生学习的兴趣，使其产生积极的学习态度；并注意在学习过程中让学生获得成功的体验，以增加学习的自信心。

3.学生的心理特点和认知规律

高中学生好奇心强，求知欲旺盛，感性认识和具体形象思维能力强。因此，教学内容的呈现应符合学生的心理特点和认知规律，要联系学生的生活实际，从感性到理性，从具体到抽象，从现象到本质。

（三）教学目标的制订

教学目标是指教学活动的主体在具体教学活动中所要达到的预期结果和标准。教学目标是课堂教学的标杆，制约着教学设计的方向。可以说，教学目标是"的"，教学方案是"矢"，只有明确教学目标，使之具体和精确，教学设计方案才能切实有效；教学目标还是教学评价的根本依据，只有提供具体可测量的教学目标，才能检验教学效果，作出科学、准确的评价。制定教学目标是以教学大纲、考试大纲、教材内容为依据，考虑社会的现状和发展对学生的要求以及学生实际的知识水平、学习能力所能达到的程度。

（四）选择教学策略

教学策略是指为实现教学目标而进行的教学的思考、策划和谋略。新授课的教学策略主要包括如下三个方面：

1.划分课时，组织教学内容

划分课时是以教学大纲规定的课时数为主要依据，并考虑教材特点和学生的实际情况，把教材内容划分为一定数量的可教可学的单位。每节新授课的教学内容必须容量适当、知识相对完整。

教学内容是学生学习的对象，是教与学相互作用的中介，也是教学过程中信息编码、传输、接收与反馈的对象。引导和帮助学生通过学习，掌握教学内容，从而达成教学目标，是教学过程的主要矛盾。教学内容的组织和展开设计必须注意以下几个问题：

（1）知识点、重点、难点的处理

①梳理全课的知识点

每节新授课按其知识结构体系，都可划分出若干个知识要点，即知识点。知识点是教学活动中传播知识信息的基本单位。教师以知识点为线索，逐次展开教学内容，以知识点为单位，进行教学表达设计。

学习的过程是新知识和原有知识的有效联结，逐渐形成一个新的、越来越复杂的认知结构的过程。要使新知识和原有知识有效联结，首先就要使知识点形成系统的信息网络结构，因此教师首先必须清楚全课知识点之间的逻辑关系，排列组合好各知识点呈现的次序，设计好知识点间过渡的引言，使课堂教学环节紧凑，学生思维流畅。只有有序地组织学习内容，形成具有一定内在逻辑的排列与组合，构筑相互关联的组织结构，才能易于学生的理解和接收，并进一步内化，形成具有个性特征的知识结构，而零碎、松散的知识，难以编码和连接，更难以记忆和运用。

其次，要弄清本课知识点与前、后知识的内在联系，在生物学科系统知识网络中的地位，以便有效地引导学生进行学习的正迁移，并为后继学习铺路搭桥。

最后，还要分清本课知识点的学习内容属性，不同属性的知识点又有其教学的一般程序。生物知识按其学习内容的属性，一般可分为：事实、概念、原理、技能、问题解决等五个基本类型。事实是建立概念的前提；而概念体系、规则的集合才能形成原理；而事实、概念及原理又是技能训练的基础；知识（包括事实、概念、原理）、技能则是问题解决的基本要素。因此，教学内容的展开应是一个渐进的、由低层次向高层次展开的过程。

②突出教学重点

突出教学重点的具体做法要因教学内容、学生实际而定，不存在固定的模式，但教师应做到在设计教学过程时，围绕重点来进行，设置问题、演示实验、指导阅读、分析讲解、启发探究都应着眼于让学生理解、掌握重点；教学时间的分配上应将最佳时间用于重点内容的教学，把握好教学节奏；通过练习、小结、复习，及时了解和实现学生对重点知识的掌握和运用。

③化解教学难点

突破难点的方法一般多采用分散难点或先扫清障碍，集中解决难点，以保证重点知识的学习。例如，将理论问题具体化，分出层次，由浅入深，由感性到理性；对抽象内容形象化，使之接近学生的日常生活和学习水平；对多个因素交织在一起形成的难点，可突出主要因素并降低非主要因素的难度，或者将多个因素分散，各个击破；对知识跨度大的，可用有关的"中介"知识做铺垫；对容易混淆的内容，可利用横向比较，找出相近知识点之间的共性和个性、区别与联系。

（2）教学内容的重构

所谓教学内容的重构，就是摆脱教科书的局限，将教学内容重新组织、加工和改写，使之形成更易于学生学习的知识结构体系，这是一个对教材再创作的过程。一般的做法是：

①引入最新文献资料，使教学内容具有先进性，解决教科书滞后于生物科技发展的矛盾。

②加入教师的知识积累及生物学科的实验和成果，表达教师及本学科对某一科技、社会问题的独特认识与见解，激发学生的求知欲望，培养学生的科学素养、正确的价值观和社会责任感。

③根据学生的具体情况取舍教材内容，做到因材施教。

④使教学内容的呈现顺序与教师选用的教学方法相适应。

⑤根据学生的学习心理去重新组织教材，使其更符合学生的认知规律。

2.选择教学方法

教学方法就是在教学过程中教师和学生为完成教学任务而采取的教与学相互活动的方式。教学方法是教学过程中最重要的组成成分之一，是教学的基本要求，是能否实现教学目标、完成教学任务的关键。因此，教师必须恰当地选择、创造性地运用教学方法。

（1）深度学习的高中生物新授课常用的教学方法

语言性教学方法：在教学过程中以口头语言或书面语言为主要信息传递形式，其特点是能较迅速、准确而大量地向学生传授间接经验。它主要包括三种类型：讲授法（讲述、讲解）、谈话法（启发性或开导性谈话、复习性或检查性谈话、总结性或指导性谈话、讨论性或研究性谈话）、读书指导法。

直观性教学方法：教师在教学过程中以实物或教具进行演示，带领学生进行教学性的参观等。这种方法以直接感知为主要形式，使学生掌握知识。其特点是生动形象、具体逼真，学生视听结合，记忆深刻。它主要包括两种类型：演示法、参观法。

实践性教学方法：以形成学生的技能技巧或行为习惯等实际训练为主要形式的教学方法。其特点是学生在接受知识的过程中手脑并用，学以致用。它主要包括三种类型：实验法、实习法、练习法。

研究性教学方法：以学生间的集体讨论或自我发现等为主要方式的教学方法。其特点为能探讨、商榷、深化知识，培养学生多方面的能力。它主要包括两种类型：讨论法、探究法。

（2）深度学习的高中生物教学方法的选择与运用

在生物新授课的教学中，教学方法的选择由具体的教学目标、教学内容、学生情况等因素共同决定。"教学有法，教无定法"，每种教学方法都有其长处与短处，没有万能的方法。生物学教学方法的来源虽可以从理论上建构，但绝大多数还是来自教师的实践经验，它不仅仅是单纯的教学技巧问题，而是反映着教师的教学理念和能力水平。在教学过程中，学生的学习方式和教师的教学方法是直接相关的，假如教师长期只运用单一的教学方法，学生的学习方式也必然是死板的，这种"迁移"体现了教学方法的双边性。经验丰富的老师常常灵活运用多种教学方法，各种具体方法彼此互相补充，密切配合，综合地发挥着整体效能，使教学活动富于变化并体现出一种特殊的节奏美。高中生物教师在筛选、提炼和创造性地运用教学方法时，应符合以下要求：

①符合生物学教学原则。生物学教学原则是生物教学必须遵循的基本要求，它是根据教学目的和教学过程的规律提出的，是生物教学实践经验的总结。生物学教学原则包括：科学性与思想性相结合原则、直观性原则、实践性原则、创造性原则。贯彻教学原则，是提高教学质量的保证。

②符合本课的教学目标与任务。教学目标对教学方法的选择有着制约作用，教学设计者应根据教学目标选用适当的教学方法。例如：若教学目标侧重知识或结果，则

宜于选择接受学习，与之相应的教学方法是教师讲授法；若教学目标侧重过程或探索知识的经验，则宜于选择发现学习，与之相应的教学方法是教师指导下的学生发现法；若以转变学生的信念为目标，则较适宜的方法是讨论法。离开了目标，就很难比较教学方法的优劣。

③符合学生的学习可能性。教师要充分考虑学生的学习能力、年龄特点（生理的、心理的）、知识水平、班级集体的特点，使教学方法与学生的学习和谐统一。

④符合教师本身的可能性。这种可能性取决于教师的经验、理论修养和个性品质。当然，教师应该不断接受先进的教学思想，改进自己的教学方法，提高自身的综合素质。

⑤符合现有条件和所规定的教学时间。生物新授课的教学方法虽然多种多样，但教学方法发展的主流是最大限度地调动学生学习的主动性，把获得知识、技能、培养能力和对学生的观念、态度、情感教育结合起来。

3.组合运用教学媒体

教学媒体是指在教与学过程中，传递和储存教学信息的载体或工具。生物新授课常用的媒体有生物活体、生物标本、挂图、剪贴图、板画、模型、投影、录像、音响、电脑等。正确运用各种直观教具，可大大丰富学生对生物和生命现象的立体感知，把抽象的教学内容化为直观的教学信息；激发学生学习生物学的兴趣，调动学生学习的积极性；加快学生学习的速度，提高学习效率；学生在观看教师演示的过程中，观察、思考、分析、综合等多方面的能力也得到了训练。因此，生物教师在教学中要积极创造条件，加强直观教学，重视信息技术在教学改革中的作用，运用先进的教学手段，提高课堂教学效果。

每一种媒体都有其长处和局限，没有一种媒体能适宜任何目标、对象和内容的教学。教学中应对各种媒体进行优化组合，使其作用互补，扬长避短，收到最佳的教学效果。深度学习的高中生物教学在合理选择教学媒体时要注意以下原则：媒体与学习目标的统一性；媒体与教学方法的协调性；媒体与学生认知水平的相容性。同时，还要考虑学校现有的教学条件和教学的效益，凡用语言、动作或简单的媒体即能准确及时表达的内容，可不用复杂而昂贵的媒体。此外，生物教师必须创造各种条件，组织学生去研究活的生物（连同它的生存环境）、真实的生命自然界。模拟的方法、现代媒体的使用等，都是对生物学学习和教学的补充，不应去替代对活的生物的实验研究。当然，学习和实验研究中要爱护生物、珍惜生物材料、保护生物的生存环境。

（五）形成性测试

一节新授课尽管从教学内容来看是片段性的，但它毕竟是相对完整的一个教学时间单位，教师一般应当设计形成性测试以评价学生的学习效果，它可使教师掌握学生的学习情况，及时发现教和学中的问题，从而调整教学计划，改进教学方法。

（六）预期反馈及调控对策

教学过程是动态的，学生个体之间的知识水平、能力水平和思维方式具有差异性，因此学生在教学活动中作出的反应有时会与教师预期教学设计不相吻合，此时，教师必须视教与学的实际运作而随机调整自己的教学进度、教学要求、教学策略和方法，即在师生双方的信息交换过程中，形成一个教学控制系统，不断地进行反馈与调节，从而达成预期教学目标。设计好预期反馈与调控对策教师应做好以下工作：

1.课前充分准备

重视课前对学生在有关教学内容方面认知状态的调查了解，比较全面地掌握学情，多设想学生可能提出的疑问，设计不同形式的教学方法和难易度不同的几组思考题、练习题，以做备用，以满足不同层次的学生，一旦堂上出现非常规状况时可以及时作出调整。

2.课堂灵活驾驭

在实施教学时，教师除了注意发挥学生的主体作用和调动他们的学习积极性外，还要善于观察，从学生的目光、表情和一举一动中，判断出他们是否理解、是否学会，引导学生提出问题，从中了解他们的思维动向，及时调整教学。

3.课后善于反思

教师在课后要及时自我总结课堂上教与学的情况，评价使用的教学策略是否适合学生的学习，应该做哪方面的改进和完善，为今后的教学设计和课堂上的教学调控积累经验。

优化教学设计是优化课堂教学的前提。生物新授课优化设计的表现形式在于教学目标、教学内容、教与学活动的策略和方法、教学媒体及课堂管理等因素的系统整合、和谐统一、有序运作，达到预期目标。而优化的核心应是学生思维品质得到有效的训练和培养，学生的智力和能力得到发展。生物教师应据此设计好每一节新授课。

第三节 深度学习的高中生物课堂知识获得的教学模式设计

知识是认知的成果。本节从认知心理学的知识本体观和建构主义的知识价值观的维度，探讨如何设计有效的、符合知识可靠性和真理性的途径，让学生获得知识的同时以生命科学内在的价值观为基点，关注学生在学习生物学知识中的感受、经历和发展。

一、知识的概念、分类和知识观

（一）知识的概念

知识是事物的属性和联系的反映，是人们在现实生活中进行定向的工具，是个体通过与其环境相互作用后获得的信息及其组织。贮存在个体内的是个体的知识，贮存在个体之外的，即为人类的知识。

（二）知识分类

广义的知识包括两大类：陈述性知识和程序性知识，狭义的知识仅指陈述性知识。

1.陈述性知识的范围

陈述性知识是个人有意识地提取线索，因而能直接陈述和描述的知识。这类知识主要是用来回答世界是什么的问题。例如，我们可以陈述某些事实或现象，描述某些事件或客体。生物学上的陈述性知识，如生物的基本特征是什么？某种动、植物的名称是什么？创立了细胞学说的科学家是谁？遗传物质是什么？基因是什么？这一类知识一般通过记忆获得，可以称为记忆性知识或语义知识。

2.程序性知识的范围

程序性知识是个人没有有意识地提取线索，只能借助某种作业形式间接推测其存在的知识，它主要用来解决怎么办的问题。程序性知识是一套办事的操作步骤，在本质上，它们由概念和规则构成。

作为关于"如何做"的知识，程序性知识主要包括智慧技能、动作技能中的认知成分、认知策略三类。

（三）知识社会的知识观

一个由知识构成的社会全面向我们迫近，知识社会正式进入人类历史。在知识社会中，物质世界隐退到知识世界的背后，知识成为人不可回避的基本生存环境，成为大众化、日常化的生活方式，构成日常经验的重要组成部分，知识与人的生活具有"不可分离性"。掌握了知识就掌握了生存条件和命运。"知识生存"成为当下及未来人类的生存方式。

1.本体论的知识观

本体论的知识观主要关注知识的来源、知识的可靠性、知识的获得形式，这是建立传统教育知识论的基础。传统教育把知识作为一种外在于人的客观实在，人需要通过一种合理的形式才能得到它，因此教育所关心的是如何选择一种最有效的、符合知识可靠性和真理性的途径让学生掌握知识，在这个意义上看，不仅传统的夸美纽斯和赫尔巴特的教育思想，包括后来被称为现代教育的赞科夫、杜威和布鲁纳的教育思想都可以看作是这种知识观的产物。深度学习的高中生物课知识获得的教学设计主要从认知心理学的本体论知识观探讨知识获得的途径和策略。

2.价值论的知识观

价值论的知识观是从知识在知识社会中的意义及知识在知识社会中与人的关系来考虑教育对知识的态度和立场。价值论的知识观既不过分关心也不回避知识的本体问题，但不把它们看作教育的"终极关怀"，教育最终要叩问的是如何面对人的问题，以人的生存处境为起点，思考教育如何面对知识。人是教育的中心，知识成为人的手段，寻求人与知识的内在统一，让知识的生存意义显现于教育理念的未来之中。深度学习的高中生物课知识获得的教学设计也从价值论知识观中知识生命意义的维度探讨生物知识的获得。

二、教学模式设计要专注生物学知识内在的特征

生物学的教学必须深入研究学科内容内在的逻辑体系和知识结构，研究知识中蕴含着怎样的价值态度及智慧和能力，还要从价值论知识观的维度探讨生物知识的获得。深度学习的高中生物知识获得的教学模式设计必须要有学科的底蕴，使学生能把知识

内化成自己的能力和智慧，形成一定的价值观和态度。

（一）生物学知识必须在理解的基础上记忆

生物学知识是以记忆为基础的，生物体的形态结构特点和生理功能特征、许多专有名词等都需要有良好的记忆。因此，在生物学知识中陈述性知识占有很大的比重。虽然，生物学知识以记忆为基础，但生物学知识的学习不要走入机械记忆的误区，如果生物学知识的获得依赖于相当脆弱的人类机械记忆能力来进行任意的逐词逐句联系的机械学习，那将是非常低效的、无序的学习，更不利于知识的巩固、提取和应用。

（二）生物学知识蕴含着系统观

生物学知识获得的教学设计要体现生命的系统观。生物学的知识结构具有内在的逻辑性和系统性，同时生命科学研究对象也具有很强的系统性——生命系统。生物圈、生物界、生物体、细胞本身就是一个有序的复杂的系统，研究生命就是在研究生物系统。系统论的创立者——奥地利的贝塔郎菲是一位理论生物学家，他通过批判生物学中长期流行的机械论和活力论，提出了机体论。机体是一个具有复杂结构的系统，生命是生物系统活动的整体表现，而且整体不是部分的线性叠加，而是非线性的动力系统。生命具有物质的属性，生物由物质组成，其主要物质是生物大分子有机物（核酸和蛋白质），这些物质本身并不具有生命的特征，只有在细胞这样有序的系统中，才能进行生命活动。因此，没有活的分子，只有活的系统。

（三）生物学知识蕴含着对立统一的观点

生命系统具有开放和动态的特性，又具有稳态的特性。生命系统既动态变化又相对稳定，既有物质的合成也有物质的分解，既有新生命的诞生也有生命的消亡，既有遗传也有变异。生命就在这样既对立又统一的矛盾中生存和发展。

1.生命系统的开放性和动态性

新陈代谢是生物最基本的特征，是体现生物系统开放性和动态性的核心。我们可以从物质的交换和能量的流动这两个方面来理解新陈代谢，生物体在与环境进行物质交换的过程中结合着能量的输入和输出、自身物质的构建与解体，生命才得以生存和发展。从细胞、生物体、种群、群落，到生态系统甚至生物圈，都体现出物质交换与能量流动（新陈代谢）这个开放的、动态的特性。一个生命系统，如果把其形态、结构、生理功能分解和割裂地学习，离开了物质的交换、能量的流动，离开了对环境的要求和有机体之间的物质联系的揭示，生物课堂教学将变得枯燥乏味。生物教师应把新陈代谢的理念贯穿于生物教学中，突出物质、能量和生命信息三者之间的联系和相互作用，以此来组织教学，在生物学教学模式设计中注入"生命"，在师生认识生命、理解生命、探索生命的活动中，揭示生物这个开放的、动态的、活的系统，让生物课堂充满生命力。

2.生命系统的稳态

生命系统的开放性是相对的，是在维持生命系统内环境稳态的前提下的开放。生命的独特性在于它相对独立于其他非生命物质，维持生命这个开放系统的流动平衡的稳态。在深度学习的高中生物知识获得的教学模式设计中，要贯穿生命系统稳态的理念。下列几个方面可体现生命系统的稳态：

（1）组成生物的一些重要物质具有稳定性。例如，生物的能源物质是含能量高的、化学性质是惰性的碳水化合物；遗传物质 DNA 是稳定的化合物。

（2）生命活动是在维持稳态的前提下进行。例如，能量的获取、贮存、释放转移、利用的全过程，都是在酶的作用下有控制的、符合生命活动节律和耐受性下进行，以维持生命系统的稳态。

（四）生物学知识蕴含着反馈与调节的奥秘

在深度学习的高中生物知识获得的教学模式设计中，必须设计教与学的过程中师生的反馈调节环节，同时要让学生理解生命活动过程中，生物体自身就不断进行着反馈和调节。生命系统是一个自主活动系统。机体活动是自律的，越是高等的动物自主性越强，人类的自主性则有更高层次的表现。可从下列内容的教学设计中引导学生关注生物的自主性：神经和体液对生理机能和生长发育的调控、基因对性状的控制、基因间的调控、种群消长的自我调节等。

（五）生物学知识蕴含着信息观

深度学习的高中生物知识教学模式设计要让学生领悟到生命活动是物质、能量、信息三位一体的运动和变化，从而了解生命的本质，掌握生命活动的规律。研究生命必须研究生命活动的信息，研究生物信息变换的过程，包括信息的形式、信息的发送、接收、储存、加工、复制、传输等过程。例如，遗传信息的编码、复制、储存、翻译、表达等过程，化学信息——激素的调节作用，化学和电信息——神经调节，分子信息——细胞识别和免疫系统中各种物质分子特定的性质和结构等。

（六）生物学知识蕴含着复杂的网络化信息

深度学习的高中生物知识教学模式设计要让学生理解生命自然界是一个复杂的网络，人类是这个网络的一部分。每一种生物的生存发展，都以其他种类生物的生存发展为前提，一种生物或几种生物的消亡，可能对其他生物造成灾难性后果。这种生物界多样性及其相互依存、相互制约的关系，在非生物界中，远没有达到这种程度，这就是生命之网。生命网络哺育了人类的文明，人类的生存和发展依赖着生命网络，人类的活动也影响着生命网络。

三、生物学知识获得的过程分析

（一）生物学知识掌握与知识获得的关系

生物学知识掌握是指个体生物学知识的形成过程，亦即个体运用已有的生物学知识同化、理解新知识，使其在头脑中得到表征并用于解决有关问题的过程。根据邵瑞珍、皮连生等人提出的学习和教学过程模型，将这一过程分为三个阶段：即新知识的习得、知识的巩固和转化、知识的迁移和应用。知识的获得是知识掌握的第一、第二阶段。

（二）掌握生物学陈述性知识的意义

生物学知识是以陈述性知识为基础的。生物体的形态结构特点和生理功能特征、许多专有名词等都属于陈述性知识。因此，在生物学知识中陈述性知识占有很大的比重。陈述性知识是程序性知识的重要组成部分或基础。程序性知识的核心成分实质上是概念和规则的运用，而概念和规则本身又是陈述性知识的核心成分，因此程序性知识的学习往往要以一定的陈述性知识为基础。

（三）生物学陈述性知识获得的教学策略

由"六步三阶段二分支"学与教模型可见第一阶段所学习的知识均为陈述性知识（包括程序性知识的陈述形式）。在这一阶段的教与学的目的是解决新知识的理解问题，知识的学习主要是获取信息，因此教与学的设计必须符合信息加工的条件，即学习者的注意和对结果的预期，激活原有知识，选择性地知觉外界呈现的新信息和积极地将新信息与个人原有的相关知识（包括表象、概念原理和事实等）联系起来，达到对新知识理解的目的。教学设计的关键是吸引学生注意，激活学生原有的知识。

1.引发学生注意的策略

生物学教学中有效引起学生注意的策略是设置直观情境，教师可根据教学内容的实际、学生的年龄特征和知识基础，正确地设置直观情境，有效地利用刺激物的物理特性、情绪特征和刺激的差异性，有效地唤起学生的注意，从而调动起学生学习的主动性和积极性。生物学教学设置直观情境的策略极其多样，一般可以分为直接直观情境策略、间接直观情境策略、语言文字的直观情境策略。其中直接直观情境策略，如活的生物体（包括临时涂片、活的离体器官、组织及其临时装片）、标本（包括离体器官、组织的永久切片、涂片和装片、化石等）、生物学实验、自然界、人为环境（包括生产、科研单位，动物园、植物园、各种展览等）。间接直观情境策略，如挂图（包括各种图形、剪贴图、教科书的插图等）、模型、黑板画、幻灯片、教学电影和录像、电脑课件、电脑网络信息等。语言文字的直观情境策略主要是语言的形象化，如从活的状态出发讲述生物体和生物界、利用语义来说明生物学知识、利用学生已有的生物学知识和生活经验来形容新的内容、列举数字、采用适当的比喻等。

2.激活学生原有知识的策略

创设课堂问题情境激活学生原有知识。教师可采取直观或现实情境启发的方法展示问题，主要是通过新知识与原有知识结构的差异性（新颖感、复杂性、模糊性、不一致性）引发思维的矛盾和冲突，从而激发学生探究的兴趣，达到激活学生原有知识的目的。

（四）生物学程序性知识的获得

程序性知识的获得主要是第二阶段：新知识的转化和巩固阶段。

新知识的转化阶段，即是第一阶段习得的程序性知识的陈述性形式向程序性形式转化，实现转化的重要条件是通过各种变式练习，使陈述性知识转化为以产生式系统表征和贮存的程序性知识，实现陈述性知识向办事技能转变的任务。此时教与学的关键是教师要根据教材、大纲和学生的学习状况优化设计多种变式练习，学生在进行练习过程中发现学习上存在的问题，展开生生与师生之间的互动，教师及时对练习的结果提供反馈和纠正。

从教的角度来说，教师必须知道：哪些知识可以转化为程序性知识？转化条件是什么？认知策略作为一种特殊的程序性知识，在其学习过程中有何特殊性？

1.设计变式练习的策略

一个概念和规则，如果学生记住了它的含义，并能用自己的话来陈述它，只能说明概念和规则的学习还处于陈述性阶段，尚未转化为一种解决问题的技能。在教学中，老师们常常看到有些学生能把概念（如减数分裂）、规则（如基因分离规律）说得头头是道，但一遇到问题情境（特别是新的问题情境）时往往束手无策，或者屡屡出错。这种情况往往是缺乏练习的结果。练习是学习者对学习任务的重复接触或重复反应。变式练习是指在其他有效学习条件不变的情况下，概念和规则例证的变化。教师在进行变式练习的设计时必须有一定的层次性，也就是说在学生不同的学习阶段，应有不同层次的变式练习。例如，在概念和规则习得的最初阶段，变式练习的设计应与原来的问题情境相似，随着知识的逐渐稳定和巩固，变式练习的设计逐步过渡到新情境，以促进学生概念规则的纵向转移。

2.策略性知识的获得

认知策略教学的难点是教师如何通过具体实例向学生示范策略应用的情境。例如，教师通过介绍孟德尔发现基因的分离遗传定律的过程，指导学生理解孟德尔取得成功的思维方式和运用的科学方法。孟德尔取得成功的原因之一是能在纷繁复杂的信息（多种生物、同种生物的许多性状、大量的实验数据）中抓住核心信息、化繁为简。

由于认知策略所涉及的概念、规则一般都有较高的概括性，在应用时有很大的灵活性，所以认知策略的学习一般不可能短期见效。"提取有效信息和化繁为简"的策略可以运用到解决分离定律的实例和伴性遗传、自由组合定律、连锁和互换定律等遗传定律的学习和应用中。还可以在生物学其他知识的学习中体验和运用，甚至在跨学科的学习中运用。认知策略的学习必须与元认知相结合。

人是生命科学研究的主体，也是生命科学研究的客体，正如人是教育的主体也是教育的客体。教育的关键不是获得了多少知识，而是从知识的控制中解放自己，获得知识的支配权。在知识社会中，占有知识是重要的，但更重要的是支配知识的权力，掌握选择知识的能力。

第四章　深度学习的高中生物课堂教学有效性

　　教学有效性的研究在新课程改革这个大背景下，教学的重心不再是教给学习者固定的知识，而是转向塑造学习者新型的自由人格，全面提高学生的综合素质。学生也不再是单纯地学习书本知识，学校教育的根本任务在于使学习者学会如何学习、如何与他人共同生活、生存等方面的知识和能力并上升为情感。对教学的有效性进行研究，可以改变种种教学低效、无效、单纯成效或不讲成效的现象，促进学生的素质和能力的全面发展，避免在"应试教育"的老路上打转，为培养21世纪的新型人才创造有利先机。

　　重视和加强高中课堂教学有效性的研究是课程改革的迫切需求，有利于新课程的顺利实施。新课程、新教材体现着全新的教育思想和理念。但是，无论教育思想如何更新、教学内容如何改革，最终都要落实于教学过程中，要体现在教师的教和学生的学上，换言之，要体现在教学效果上。如果教学没有成效，或少有成效，一切教学改革的目标都会落空，课程改革的构想只能成为美丽的幻影。高中生物教学有效性的研究有利于提高高中生物教学效率，加深学生对学科知识的认识。

第一节　高中生物课堂有效性教学理论

一、有效性教学的基本概念

（一）教学的概念

教学，顾名思义是有教也有学，教学结合，主要是指教师引起、维持或促进学生学习的所有行为，是教师和学生的共同活动。

（二）什么是有效性

对于"有效性"，也有人译为"效能性"，具有代表性的解释有：足够实现某一目的，达成预期或所期望的结果，与某一事件或情况的成果有关，有实现目标的力量，反映某一行动的完成或获得结果。概括地说，有效性反映的是预期结果的实现程度并将效率、效果的意思包括其中。

如果某项活动在计划之后，用最少的投入达到了预期的结果，就说明这项活动的实施是有效的，实施这项活动的主体则具备了有效实现预期结果的能力，即是效能型的。对于效能型，大致有三层含义：一是有效果，即有"好的结果、作用和影响"。如果活动有了好结果，满足了自身的需要，则说明是有效的，反之是无效的。二是有效益，即有好的收益。如果某项活动实施之后，达到了预期的结果，实现了预期的目的，满足了自身的需要，并且还有利于自身的发展，则这项活动是有效的，否则就是无效的。三是有效率，主要是针对活动投入和产出而言的，活动需要通过较少的投入而得到较大的产出，或者使活动的产出尽可能增大，即在最短的时间内取得最大的效益和效果。

因此，有效性就是通过自身的主观努力在最短的时间内实现满足自身的需要并取得一定成果的有预期目的的行为活动。

（三）关于教学的有效性

关于教学有效性的研究，目前学界没有形成统一的看法。历史研究的轨迹告诉大家有效教学不是一个"一成不变"的概念，它是一个随着课程目标和教学目标的变化而动态变化发展的概念。著名教育家夸美纽斯的教育理想是找出一种教育方法，使教师因此可以少教，但是学生可以多学。可见，有关教学活动的研究很早就开始追求如何更有效地实现教学目的了。

有效的教学活动是指教师遵循教学活动的客观规律，以尽可能少的时间、精力和物力投入，取得尽可能好的教学效果，从而实现预期的特定教学目标，满足社会和个人的教育价值需求而组织实施的教学活动。教学活动的有效性是在教学效果中体现出来的，由教师和学生共同活动引起学生的身心素质变化并使之符合预定目的的特性。

国外对有效教学概念的界定主要有两种，一种是描述式定义，另一种是流程式定义。描述式定义认为有效教学是能够产生有效学习的教学，以美国的默塞尔为代表，他认为有效教学应以学生为中心，以教学结果为判定依据，认为教学结果能持久，学生能自由、有伸缩性与自信，能在生活中运用的教学才是有效教学。这种界定更多地考虑的是教学结果的因素，忽视了教学过程因素。流程式的界定是采用流程图的方式分析教学有效性的各个环节及它们之间的关系，主要从背景、过程、产出的角度来考虑。这种观点充分考虑了教学有效性的影响因素，包括教师特征、学生特征、班级特征、学科特征、学校特征、社区特征和时机特征等，其不足之处在于过多地强调观念的重要性，忽视了教学行为的研究。

另有学者将西方学者对有效教学的解释归结为三种基本取向：一是目标取向的定义，认为有效的教学就是指学生在教师的指导下成功地达成了预定的学习目标的教学；二是技能取向的定义，认为有效教学是一种智力的要求，它需要教师对所教学的学科内容有广泛而深刻的把握；三是成就取向的定义，认为有效教学应该能够提高学生的学习成绩。

（四）新课程改革背景下有效教学的界定

随着新课程改革实施的深入开展，关于有效教学的内涵也随之发生了相应的变化。以往的教学是以知识传授和考试分数为标准来判定教学是否有效的，在评价上重结果轻过程，从而造成在实际教学中只看结果不看过程、只认分数不重发展的弊端。因此，在基础教育新课程改革的背景下，对有效教学作出符合新课程改革理念的定义显得尤为重要。据此，教师认为新课程改革背景下的有效教学应是师生遵循教学活动的规律，以最优的教学方式，选择最合适的教学策略，在教学中争取最大的效果，使学生在知识与能力、过程与方法、情感态度与价值观的"三维目标"上获得进步和发展，关注学生的可持续发展而组织实施的教学活动。

二、有效教学的内涵和本质

（一）教学的有效性主要是指有效果、有效率、有效益

1.有效果。教学效果是指教学活动结果中与预期教学目标相符的部分，它考察的重点是学生，是对教学活动结果与预期教学目标吻合程度的评价。

2.有效率。由于教学投入的直接表现是师生双方时间、精力的投入，教学产出的直接表现是教学效果，在教学实践中也可如此表述教学效率、有效教学时间、实际教学时间。

3.有效益。"教学效益"是指教学活动的收益、教学活动价值的实现。具体地说，是指教学目标与特定的社会和个人的教育需求是否吻合以及吻合程度的评价。有效教学关注的结果不单是教学的量，更多的是教学的质。

（二）有效教学的界定标准

什么样的教学才是有效的？什么样的教师是有效的？教师如何去评判一节课的好坏、优劣？对这些问题的回答，一直是教育学者探索的最核心、最基本的问题。余文森教授提出，就内涵而言，教学的发展指的是知识、技能、过程方法与情感、态度、价值观三维目标的整合。教育大计以学生为本，有效教学的评价标准不仅要看教师的教学行为，更要看教学后学生有没有取得切实的进步，是否获得了真正的、长远的发展。最后，有效果虽然是从结果角度提出的，但是并不排斥过程的有效性。新课程改革以建构主义为理论基础，十分重视学生学习过程中的情感体验，关注整个学习过程中学生是否身心愉快、积极主动，能否自觉联系生活，建构自己的知识体系。某些探究性学习虽然没有完全达到既定的探究目标，但在探究过程中学生掌握了科学的方法，积累了探究的经验，学到很多有价值的学科知识，同样是有效果的教学。

有学者从更为细节的方面分析了教学中学生主体参与的评价标准：学生能够全体参与、学生能够主动建构、学生与教师能够多向互动、学生能够积极体验、学生能够自我反思。也有学者把教学有效性评价标准分为教学目标、教学内容、教学环节、教学方法、教学效果和教师素养六个一级指标，每个一级指标下面再分出具体的二级评价指标。然后，再逐一用这些标准对课堂教学进行具体的评价。还有学者从多个角度来衡

量有效教学：学习的机会和作业、课程环境、班级的组织和管理、课程结构、师生交流、学生的参与和成功、教师的教学改革热情。根据这些表述不难看出，学者们对教学有效性标准的界定主要集中在以下几个方面：教学目标要明确、具体，符合学生实际，关注差异性，能体现教学过程的"生成性"和"创造性"；教学内容要与学生丰富多彩的日常生活相联系，具有教育性和趣味性，促进学生的主动学习和探究；教学方法要关注并尊重学生的学习风格，形成教师个性化、学科性的教学方式；教学评价应以"促进学生全面发展"为宗旨，体现发展性、主体性、多元性的统一。

第二节　影响深度学习的高中生物课堂教学有效性的因素

一、传统高中生物课堂教学中存在的误区

（一）偏重"双基"，忽视了学生的能力、情感、态度价值观的发展

传统的课堂教学特别强调对"双基"的学习和掌握，提出应"以系统的基础知识和基本技能武装学生的头脑"。"双基"教学成了传统课堂教学的中心任务。长期以来，逐渐形成了"满堂灌"的教学模式，教师主导了整个课堂，学生也是一味地接受、死板地学习，从而导致学生主体意识缺乏，学习效率较低，浅学、苦学、厌学和倦学的现象较为普遍。最终教会了学生那些一成不变的知识，却束缚了学生的头脑和思想，忽视了对学生在观察、实验、思维、科学探究以及应用等方面的能力培养，限制了他们的求知欲及对科学的价值观、科学的学习态度等人文情感的提升。

（二）追求统一课堂，缺乏学生自由呼吸的空间

古人云："授人以鱼，不如授人以渔。"而传统的课堂教学就只是把学生看作一个有待加工、可以被动塑造的对象进行改造，只"授之以鱼"，严重剥夺和压制了学生学习的积极性和主动性。例如，教学活动安排、教学组织等方面以学生的认知规律为基础，进行适当的统一管理是有益的，然而传统课堂教学却以统一作为教学的基础性

特征，严重阻碍了学生创新精神和创新能力的发展。统一的教学内容、统一的教学速度是所谓课堂教学统一性的突出表现，由于课堂教学受制于课程、教师素质及行政命令等许多因素，使教学内容和教学速度的统一成了一种客观存在。在现实的课堂教学情境中，根深蒂固的传统师生关系依然是课堂教学文化特有的风景线。师生关系影响教师的个人教学效能感。如果教师受到学生的尊重和信赖，其教学效能水平就高。师生关系对学生的影响表现为影响学生对教师所教课程的兴趣、学习情绪、学习方法、学习效率等。传统的课堂教学中教师始终主导课堂教学，由此带来的师生关系违背了课堂教学中要求师生互动原则，最终学生只会回答老师提出的问题，不会自己主动提出问题，有问题的学生都变得没问题了。这种课堂教学无法真正使学生摆脱客体地位，使学生的主体性品质、创新精神和实践能力大大缺失。

（三）传统的课堂教学"唯书唯上"

对教师来说，每一节课的实施都不可缺少课前的准备，即备课和写教案。这一过程体现的是教师的业务水平和创造性劳动的成果，教案理应成为教学中遵循的依据之一。然而，传统课堂教学体现的却是严格按照教案的预先设定去上课，教案预先设定好了细致详尽的目标，主观确定了学生的学习难点，规定性的设计了课堂问题甚至学生回答的答案，及至每一环节怎样讲、每一步用几分钟都规定得清清楚楚，力图实现下课铃声一响，教案"宣讲"完毕。教师甚至可以在课堂教学听、评课时，拿着教师的教案去听课，目的是看教师是否以教案为依据组织教学，将教案的本位思想提升到了极致。教师唯教材、唯教参、唯教案至上，学生对课本知识绝对遵从，对教师一贯服从，把教材和教师讲授的内容视为金科玉律，当作颠扑不灭的绝对真理，极少怀疑知识的准确性和教师的权威性，即便偶尔有所怀疑和反驳，也被视为叛逆。在这种传统的"唯书唯上"的课堂教学中，学生对科学知识的掌握不是通过探究、批判、反思的方式获得的，而是死记硬背。这种现象就是陶行知先生所批评的"读死书，死读书，读书死"。一贯地去吃别人咀嚼过的食物，永远不会知道食物的美味，也正如孟子所说的"尽信书，不如无书"。

（四）传统的课堂教学远离了学生的现实生活

课堂教学源于现实生活，生活是课堂教学的源头活水。对于学生而言，课堂教学就是他们的一种特殊的生活方式，而在这种传统教学思想的影响下，教学总是把一种预设的成人化、社会化的生活模式强加给学生，学生经常受到的"告诫"是为了将来生活幸福，就必须牺牲现在的自由和幸福。这样，学生为了将来模式化的成人预言而苦苦奋斗，他们当下的生活被完全忽略，没有个性，整天被一条条无形的鞭子鞭策着向前赶。在这样的教学中，学生不过是一种未来的存在，他们实际上过着对他们来说是虚无缥缈的成人预言的生活，他们难以体验到本应属于他们的生活和乐趣，缺少了自由展现他们天性以及丰富想象的空间和氛围，长期处于压抑和枯燥乏味的学习生活状态中。由此导致学生对学习失去了兴趣，积极性不高。

（五）传统教学中的学生独自为战，师生间及生生之间的交流互动比较僵化

在传统的课堂教学中，教师的讲解往往是单向的，师生间缺乏交流、沟通与对话，即使是师生间稍有互动，也只是徒具形式的"教师提问，学生被动回答"。教师用自己的思想替代学生的思想，容易忽视学生的内心感受和主观体验。学生之间在学业上的交流与合作更是少得可怜，由于应试的压力，同学之间形成一种不良竞争关系，别人的成功就意味着自己的失败，所以学生特别是"优等生"拼命要保住自己的优势，以期在应试的竞争中占得先机。21世纪科学课程教学改革，最终必须落实到师生互动的课堂上。课堂是师生落实科学课程价值理念、转变学习与教学方式、共同建构经验和意义的社会文化情境。因此，生物课堂教学环境的优化与再造是21世纪生物课程成功实施的重要前提。

（六）传统的课堂教学中，对多媒体课件的使用误区越来越多

随着科学技术与信息的现代化发展，多媒体在课堂教学中的使用日益广泛。多媒体教学对课堂教学带来的优越之处是大家有目共睹的，可是正是它的这些优越之处使多媒体教学逐渐产生了诸多对课堂教学的负面影响，如有的教师单纯地追求直观形象，教学过程中却背离了学习目的；多媒体信息容量大，超出了学生的接受能力，以前的"满堂灌"变成了利用多媒体的"满堂放"；学生对自己接收的信息或知识也很难及时反馈给老师，情感交流受阻。课堂上学生只是一个劲儿地看课件、听课件，忙着抄屏幕上的内容，根本来不及思考和作出反应，学生的主体地位、创造性都被这个无形的大手抹杀，师生都异化为多媒体的奴隶。还有就是多媒体课件制作所投入的时间和精力太大，而课堂使用效果却不理想，达不到教学目的，严重影响了教学的有效性。至此，学生应该结合生物学科的特点，以提高生物学课堂教学效果为目的，来探究如何更好地使多媒体技术与生物课程整合起来，为教师的课堂教学服务。

由于传统的课堂教学存在着上述的种种缺陷或弊端，导致课堂教学的有效性缺失，教学效率低下。新的基础教育课程改革针对传统课程与教学的不足，提出了许多新的教学理念，这些理念有利于纠正传统教学的缺陷，提高课堂教学的效率和效益。

二、高中生物有效课堂的教学策略

教学活动自始至终都是在教师指导下进行的。教师在教学活动中指导作用的发挥程度，即教师的教学效能对课堂教学的有效性有决定性的影响。在教学活动中，学生的学习效能是在教师引导下，积极主动地投入学习活动中才发挥出来的。教学手段在教学活动中的效能，也是通过教师对其正确使用才得以发挥的。所以，教师专业化发展是有效课堂教学的必要条件，主要体现在科学的教学设计是有效教学的基础，教学目标要明确，教学内容要精确，教学形式要精致，教学方法要精巧。同时要不断提升教师的课堂教学技能技巧，使高中生物课堂教学充满"生命力"。有效的课堂教学是教师与学生以生命发展为基础的共同成长的过程。新课堂应体现对学生生活世界的关注和关爱，课堂教学中的讲述策略、对话策略和指导策略等的应用是充满激情和富于技巧的体验，教师采用富于智慧的教学技巧，激发学生的学习需要，使教学策略安排更为科学有序，善于运用学生的心理规律调动学习的积极性，促进学生高效率地学习，提高学习质量。与此同时，教师在教学策略操作中需充分展现自我个性，使教师的职业生命活力得以焕发，展现教育教学的魅力与追求。

（一）有效备课

备课是教师根据生物课程标准和生物学科的特点，结合学生的具体情况，对教学内容选择表达方法和优化设计，全面策划教学活动的过程。教师上课前所做的准备工作统称为备课。

备课方式一般可分为个人备课和集体备课。个人备课是由教师本人根据学科课程标准和教材完成上述的课前准备活动；集体备课是由相同学科和相同年级的教师共同钻研教材，解决教学过程中的一系列问题的活动。在集体备课中，同样一个知识点的呈现，不同的教师会有不同的教学方法，大家可以通过讨论，选择最佳方案。例如，在讨论如何更好地让学生学习"生命系统的结构层次"这个知识点的时候，有的老师认为应按"由细胞到生物圈"的顺序依次讲解，而有的老师则觉得以"从生物圈到细胞"

的层次顺序讲解学生更容易接受，最终大家一致认为，学生对宏观事物更容易理解。因此，按"从生物圈到细胞"的顺序，就是按从宏观概念到微观概念的逻辑层次以逐渐从外往里层"剥"的方式呈现，教学效果会更好。

备好课是教师上好课的前提。对教师而言，备好课可以加强教学的计划性和针对性，有利于教师充分发挥其作用。备课可以按学期进行较长的阶段性备课，也可以按单元内容进行小阶段的备课，但通常教师都是以课时计划为主，在上每节课之前进行准备。新课程改革理念下，深度学习的高中生物课程在内容及时间安排上都有所变化，要求教师改变以往主要按学时备课的方式，加强学期备课和学段备课，以适应模块整体性的特点。时间上必须保证充足，且不能增加学生负担，可能压缩的课时务必要提前安排好。

教学目标既是课堂教学的出发点，也是归宿，它是教学的灵魂，支配着课堂教学的全过程。新课程改革推行以来，知识与技能、过程与方法、情感态度与价值观三个方面的基本要求被简称为"三维目标"，对基础教育阶段的教学实施、教学评价、学业评价等产生了深刻影响。教师在课堂教学的备课过程中需要有意识地将这三重目标有机地整合起来，才会更有效地融入高中生物课堂教学中去，从而得到更好的体现，提高高中生物课堂教学的有效性。

深度学习的高中生物课堂教学应站在学生发展的高度，只有当学生的行为发生了变化时，才算真正实现了课堂教学目标。那么，在备课的过程中，教师就应站在学生的角度想问题，即如何才能让学生更好地发展，所谓备课要备学生，还应备教材、备方法，教师必须熟练掌握教材内容及知识结构，这样才能更好地设计教学方案，有方向地拓展知识面，最终将所有的教学目标巧妙地融合到教学方案里，以更好地实施课堂教学。

一份科学合理的教学方案包括导入设计、教学目标、教学重难点、课时安排、教具、教学内容、教学方法、教学内容的呈现程序、教学过程中的各个重要环节、教学措施、板书设计、课后总结、习题设计以及预见教学过程中可能出现的各种问题等。其中最主要的是教师应根据具体的教学内容，选择恰当的教学方法。每一堂课都有其教学任务、目标要求，教师要随着教学内容、对象、设备的变化，灵活运用多种教学方法。相同的教学内容，采用不同的教学方法，就会收到不同的教学效果。所以，只要能激发学生的学习兴趣，提高其学习的积极性，培养学生的思维能力，有利于所学知识的掌握和运用，提高课堂教学效率，就都是好的教学方法。这些都需要教师在备课的时候做好充分的准备，预先做好合理的设计和安排，并以教案的形式书写保存或制作成精致的课件。

（二）有效教学方法

1.在课堂教学中，着力激发学生学习生物的兴趣

兴趣是一种强大的内驱力，对学生的智力活动有着积极的促进作用。学生一旦对生物学科的学习有了兴趣，就会产生强烈的求知欲，从而对学习充满热情。学生将学习生物课当成一件愉快的事情，生物教学就会收到事半功倍的效果。任何学科教学既是一门科学，也是一门艺术，是科学性和艺术性的统一体。要培养学生学习生物的兴趣，要取得良好的生物教学效果，就必须孜孜不倦地追求生物课堂教学的艺术性。在生物课堂教学中，生物教师既是"主角"，又是"导演"，生物教师的心境直接影响到生物课堂气氛的优劣。因此，生物教师必须全身心地投入"角色"，尊重学生，充分调动学生的积极性，使他们乐学、好学。生物教师满怀喜悦地上课，学生主动配合，这是创设愉悦氛围的关键。生物教师语言的生动、活泼、风趣、幽默、亲切感人也是创设愉悦氛围的重要条件。

在深度学习的高中生物课堂教学中，教师要密切结合教材，适当地穿插一些相关的生物学家探究生命现象及其本质的生动故事、人物轶事，创设诱人的生物知识情境，可以很好地激发学生学习生物的热情。例如，达尔文是怎样发现和证明自然选择规律的正确性的？沃生和克里克是怎样的人物，他们是以什么为依据建立 DNA 双螺旋结构模型的？切除睾丸后的公鸡为什么容易育肥，而且越长越像母鸡等。这些问题都可以在教材中穿插，以吸引学生，帮助学生理解所学内容。

2.注重生物课堂教学中的情感交流

作为生物教师，应该明白我们的教学对象是具有情感的学生，他们有丰富的内心世界。学生往往愿意为他们所喜欢的生物教师而努力学习，既喜欢听这位生物教师讲课，又乐于做这位生物教师所布置的作业。这也正是古人所讲的"亲其师，信其道"。因此，成功的深度学习的高中生物教学总是以融洽的师生情感、民主平等的师生关系为后盾的。既然生物教学活动是以生物知识的传授为载体的师生感情交流活动，生物教师自己就必须具有十分丰富的情感世界，对生物教学工作充满激情，用自己对教育事业的热爱，对渴求生物知识的学生的热爱，对所教生物知识的热爱，创造一个有情感的学习环境。在这个环境里，有爱的炽热交流，有兴趣的浓烈激发，有知识融进情感

的魅力。生物教师的创造性劳动就在于选择恰当的方法，把生命科学理论原理变为活生生的思想和情感，把生物知识变为充满吸引力的精神食粮，把生物教学过程变为不断探索真理的带有情感色彩的意向活动。要取得师生情感交流的良好效应，就必须畅通情感信息的流通渠道，及时了解学生对生物知识的掌握情况，关注学生的情绪变化，用灵活的思维、敏锐的观察、果断的决策，机智地处理好随机因素，知他们之所想，释他们之所疑，正确驾驭自己的情绪，及时调整生物教学活动，调动起他们学习生物的主动性和积极性。

3.采用探究式课堂教学方法，培养学生创新能力

所谓探究式课堂教学，就是以探究为主的教学。具体来说，它是指教学过程是在教师的启发诱导下，以学生独立自主学习和合作讨论为前提，以现行教材为基本探究内容，以学生周围世界和生活实际为参照对象，为学生提供充分自由表达、质疑、探究、讨论问题的机会，让学生通过个人、小组、集体等多种解难释疑尝试活动，将学生自己所学知识应用于解决实际问题的一种教学形式。探究式课堂教学特别重视开发学生的智力，发展学生的创造性思维，培养自学能力，力图通过自我探究引导学生学会学习和掌握科学方法，为终身学习和工作奠定基础。教师作为探究式课堂教学的导师，其任务是调动学生的积极性，促使他们自己去获取知识、发展能力，做到自己能发现问题、提出问题、分析问题、解决问题；与此同时，教师还要为学生的学习设置探究的情境，建立探究的氛围，促进探究的开展，把握探究的深度，评价探究的成败。学生作为探究式课堂教学的主人，自然是根据教师提供的条件，明确探究的目标，思考探究的问题，掌握探究的方法，敞开探究的思路，交流探究的内容，总结探究的结果。由此可知，探究式课堂教学是教师和学生双方都参与的活动，他们都将以导师和主人的双重身份进入探究式课堂。

因此，按照新课标的要求，在深度学习的高中生物课堂教学中若条件允许，教师应尽量采用探究式课堂教学方法，通过师生的互动，培养学生的创新能力。如此，可以使学生对探究所获得的新的知识心领神会，植根脑海，形成永恒的记忆，且激发学生勇于探索的精神，培养学生创新思维的能力。教师通过引导学生去思考去探索验证，更能培养学生的探究技能和创新能力。

4.开展课堂教学活动，不断提高学生科学素养

生物科学素养是指公民参加社会生活、经济活动、生产实践和个人决策所需的生物科学概念和科学探究能力，包括理解科学、技术与社会的相互关系，理解科学的本

质以及形成科学的态度和价值观。生物科学素养包括肤浅的生物科学素养、功能化的生物科学素养、结构化的生物科学素养和多维的生物科学素养四个水平。培养并不断提高高中生生物科学素养的水平是我国高中生物学课程的总目标。

正因为高中生物学科的知识具有很强的奇异性、复杂性和发展逻辑性，所以生物教学对高中生综合素质的培养有着极其重要的作用，搞好生物教学对他们的综合素质培养有着得天独厚的条件。笔者认为，我们在深度学习的高中生物课堂教学中要坚持把培养人作为出发点和归宿，要利用生物的生长、发育、代谢、遗传、变异、进化、与人类的关系，以及生物与环境等各个方面的生物知识对学生进行思想教育，使学生既懂得怎样利用生物资源为人类服务，又懂得人类为什么要与生物和谐相处的道理，进而培养高中生树立正确的世界观、生命观和科学的环境观。

（三）课堂提问

提问是教学过程中一个很重要的环节，提问的目的主要有两个：一是激发学生的学习兴趣，引出教学内容；二是能够驱使学生积极思考，不断地提出问题和解决问题，从而更好地理解和掌握教学内容。所谓有效教学提问就是指能达到教学目的的提问。引出教学内容的提问一般应放在新课开始前，不要求学生一定能回答上来，主要是激发学习兴趣，使学生对将要学习的内容充满期待。例如，吸气时学生能感觉到胸腔的扩大，但到底是吸气时导致胸腔扩大还是胸腔扩大引起了吸气，按学生的理解都会认为是前者，当老师告诉是后者时，学生会感到很吃惊，有些不可理解，很想知道为什么，这就达到了教师的教学目的。课堂提问还应注重考查学生分析问题的能力。

课堂提问是教学活动中最常见的一种教学手段，其科学、高效地创设与运用对优化课堂教学有着不可低估的作用。因此，教师在教学中要努力研究学生的实际需要，紧紧抓住学生的求知心理进行课堂提问，只有这样，才能充分发挥提问的教学功能，才能促进学生思维的发展和教学质量的提高。课堂提问不能只是教师问，学生回答，教师也要鼓励学生提问，同时给学生创造提问的机会，从培养学生提问能力的角度出发，深度学习的高中生物教学的课堂提问应以学生的全面发展为目的，通过提出问题突出学生的参与性，使学生能够更好地自主学习和探究学习，突出对学生问题意识的培养，使学生逐步形成发现问题、思考问题和解决问题的能力，通过问题探讨，使学生学到的不仅仅是知识，更重要的是学会学习、学会思考的学习方法。让学生提问的基本出发点应是给学生构造一定的心理安全域，让学生敢问；强化学生的主体地位，让学生会问；改变学生的学习方式，让学生善问。这样学生有时候提出来的问题会是教师意想不到的，并且对自己的教学有很大的帮助。

（四）课堂总结及课后反思

评价一堂课的有效性，应该全面考虑影响其涉及的每一个细节，包括课堂教学的小结及课后的学生反馈调整。课前复习提问可起到"温故知新"的效果，课后小结练习则可帮助学生总结重点、理清脉络、加深记忆、强化巩固知识，是课堂教学必不可少的一个环节。作为课堂教学中的最后一个环节，课堂总结是教师或学生对本节课知识在课堂学习即将结束时进行的有针对性的回顾与归纳。好的课堂总结不仅对本节课起到了加深巩固的作用，还可以收到画龙点睛、启发学生思维、激发求知欲等良好的效果。教师在备课过程中就应该有充分的思考，去粗取精，高度概括，浓缩精华。课堂总结要充分发挥其功效，不能仅仅停留在结束一节课的形式上，而是要为下节课、下一个知识点做好延伸和铺垫。高效的课堂总结应体现很强的针对性、简明性、条理性。课后学生的教学反馈是教师提高教学质量的很好的渠道，教师应及时把握学生在课堂上的每一个表现细节，如学生的眼神、表情、发言、课堂练习、操作技能等，抓住反馈信息，课后进行认真的反思和分析，从而整合出一套更加优秀的教学方案，这也有助于提升教师自身的教学水平。

（五）有效的课堂管理

有效的课堂管理很难和有效的课堂教学分开。有效的课堂管理要求以人为本，以学生为本，将外在的课堂管理要求转化为学生个人的自觉行为。教师必须尊重学生身心发展的规律，尊重学生发展的个性差异，并且要通过多种多样的方式实现学生的全面发展。不管怎样，如何进行有效的课堂管理始终是很多老师最棘手的问题之一。笔者认为，深度学习的高中生物最有效的课堂管理是让学生在课堂中能够自我管理，这样教师可以有更多的时间进行教学，学生学会了自我控制，也能增强学生学习的自主性和积极性。

支持和鼓励是课堂管理的技巧。当学生的问题行为即将出现或者乍现，课堂秩序稍有混乱时，教师应及时、巧妙地处理，将问题抑制于无形中。例如，熟记学生的姓名，从学生的心理角度出发，每一个学生都希望老师能很快地记住自己的名字，那表示老师重视自己。作为老师，在教学之前应该尽可能记住自己学生的名字，班主任更应该先行阅读自己学生的基本资料，熟悉学生的姓名、家庭情况及过往的表现。如果能熟记他们的名字，课堂上有学生违纪时，教师可以直呼他的名字，这样学生会既感惊讶又敬佩，马上收敛其不当行为，教师也会赢得学生的一份尊重。用肢体语言跟学生交流也是一种非常有效的情感沟通。课堂上有学生违纪时，教师适当地给他一个善意的眼神，或走近他，或注视他一会儿，这都是一个暗示，对于自尊心强的学生来说，马上会停止其不良行为，并会从心里感激老师没有在全班同学面前批评自己。同样，当有同学对老师刚才提出的一个问题回答得很漂亮时，老师也应当给学生一个鼓励的眼神，或点头、或微笑表示赞许，及时地给予学生自信和体验成功的感觉。

需要注意的是，教师即使把课堂管理预防工作做得再好，仍然会有一些学生在某些时候出现一些干扰大家学习的不良行为。如果这类行为一旦出现，如果教师未能在课堂上及时巧妙地解决，且一再出现时，就必须采取措施了。一般情况下，教师可进行说理强化教育、典型示范教育，当问题的严重程度增加时，可适当采取惩罚措施。对于在课堂中出现的一般问题，通过讲道理的强化批评教育，大多都能得到改善，当问题反复出现时，就需要引起重视了。

三、教学方式的转变与课堂教学的有效性

（一）转变教师在课堂教学中的角色

教师在课堂教学中所处的角色直接影响着课堂教学的有效性。随着新课程改革的实施，课堂教学也带来很多新理念。就教学方式的转变而言，首先要转化教师在课堂教学中的角色，由以前的"主导"变为"引导"，在教学过程中，教师由"带着知识走近学生"转变成"带领学生走进知识"，即教学中要求学生自主学习，充分发挥学生的主体作用，让学生按照自己的学习基础和意愿，自由、主动地学习，或转变为"指导"，教师要从以前的"重知识传授"转变为"重学习方法的指导"。主导与指导，一字之差，却明显地体现了课堂教学中教学观念的根本变化，主导仍然是以教师为主，以学生为辅，教师是演员，全体学生是观众；指导则是教师不唱主角，而是导演，演员是全体学生。

（二）有效的课堂教学应重视因材施教

正如世界上没有完全相同的两片树叶一样，世界上也绝不存在两个完全相同的人。课堂教学必须重视学生之间客观存在的个别差异，承认和尊重学生的独特性和差异性，

培养和发展学生的个性品质，注重"因材施教"的教学方法。人的智能是多元的，世界上也不存在两个具有完全相同智能的人，在课堂教学中，每一个学生都具有自己的优势智能领域，传统课堂教学中教师所认定的"学困生"，绝大多数只是其智能优势领域不同罢了。"因材施教"的课堂教学方法是解决让不同的学生在不同的优势方面得到有效发展的有效方法。对此，教师只有真正了解了学生是什么"材"，才谈得上因材施教。孔子只给教师留下了一个"因材施教"的口号，他并没有教教师辨材的科学方法。这一课，为了提高课堂教学的有效性，发展国家的教育事业，各位教育工作者必须及时地补上，否则，教师只能永远在那里说一些正确的空话。

（三）新课标主张师生双向合作的课堂教学

苏格拉底在讲学和辩论时总是喜欢用对话来揭露对方认识中的矛盾。在他看来，人生来就是具有理性和道德的，教师的任务就是帮助学生把它们产生出来，帮助他们把思想"分娩"出来，他把这种方法称为"精神助产术"，他的这种"助产术"充满了师生双向合作交流的味道。他与学生对话时，善于从学生的错误中引导其得到正确的结论，这种方式被称为师生交往的最高境界。这样的教学方式体现出了师生之间的民主平等，学生之间积极地相互信赖，教学活动也显得立体丰富。师生间水乳交融的课堂，交流其教学效果自然非同凡响。"亲其师，信其道"。要真正使教学有效，首先就应当关心学生，了解学生。因为教育心理学告诉教师，学生在课堂上的认知速度和质量与其认知态度、情绪、情感有着密切的关系。学生正确而又积极的学习态度、愉快的情绪、高度的注意力、适度的心理紧张，是教学取得良好效果的重要因素。教育家爱默森也说过："教育成功的秘密在于尊重学生。"教师应放下自己"师道尊严"的架子，与学生在人格上平等，从爱心出发，用最真挚的感情去感化学生，用最细致的思想工作去教育学生，做学生中"平等中的首席"。

四、学习方式的转变与课堂教学的有效性

教学活动是师生共同参与创造的活动。学生作为学习活动的主体，他们在教学活动中不是被动地接受教师的指导，而是主动地以自身的活动参与教学。为此，素质教育追求的课堂教学的境界就是"教是为了不教"，这就需要学生通过教师的"教"，掌握自我学习的方法。深度学习的高中生物教学大力提倡的有效学习方法主要有三种。

（一）自主学习

生物课程学习方式的转变过程中，要提倡学生充分自主学习。即目标尽可能让学生明确，知识尽可能让学生发现，过程尽可能让学生参与，问题尽可能让学生先提，得失尽可能让学生评价，方法尽可能让学生掌握，疑难尽可能让学生探究，检查尽可能让学生自查，学生能描述的教师不代替，学生能先问的教师不先问，学生能做到的教师不示范，学生能发现的教师不暗示。这样的课堂教学不但教师教得轻松，而且学生提高得更快，达到了事半功倍的效果，谈得上是有效的课堂教学。

（二）合作学习

随着我国基础教育课程改革的深入发展，培养学生的合作学习能力成为中小学课堂教学改革的一个重要议题。因为合作学习有利于促进学生对科学知识的理解和掌握，合作学习有利于培养学生的社会适应性，合作与交往是个体主体意识形成和发展的重要条件，有利于学生主体性的发展。通过合作学习时同伴之间的交往活动，使学生更深刻地理解社会角色规范，能有效培养学生的规范意识、任务意识、合作意识、责任感及团结合作的精神。同时，学生可以从他人身上反观自我，以自我为尺度评判他人，从而形成符合实际的自我评价、积极的自我体验和主动的自我调控能力。学生正是通过合作学习，在相互合作与交往中得到发展。因此，在一定程度上，良好的合作就是发展。在高中生物实验教学过程中，大多数学校的实验条件并不能满足每个学生一套实验器材，需要两个或两个以上的同学合作完成，或者有的实验本身就是由几个同学共同合作来完成的，一个小组的同学分别承担不同的实验任务，如准备试验、操作、记录、结果分析等，这是最简单的合作学习方式，小组实验是培养学生合作学习的最佳机会，教师需要合理地安排教学任务。

（三）探究式学习

探究式学习的核心是"探究"，学生学习的内容既包括所探究的知识，同时也包括探究的过程，"探究"是一个多系统的综合的过程。探究学习是一个行为参与的过程，以"动手做"为代表的亲历活动，是探究式学习的行为基础。"探究"要求学生亲自动手，在教学中，尽可能多地为学生提供动手活动的机会，放手让学生自己去学科学、做科学。在这种行为参与的过程中，注重"经历、体验和发现"。探究学习还是一个情感参与的过程，学生在自主学习和合作学习的过程中，既有基于好奇心和求知欲的兴趣培养，还有对待科学的情感态度的形成、科学行为习惯的养成，等等。这样，以探索科学问题来驱动和维持学生的学习兴趣和动机，能激活学生潜意识中学习科学的本能和欲望，让学生在不知不觉中进入学习科学的最佳状态，从而让他们体会到学习科学的无穷乐趣。更重要的是，探究学习是一个思维参与的过程。

在教学中，通过有计划、有步骤地展现教学情境，引导学生带着兴趣和关注去观察、探究自然界的事物和现象，让他们亲身经历完整的科学探究过程，通过这种过程，学生可以学会分析自己的思维过程和思考方法，提高他们分析问题和解决问题的能力。新课标的高中生物教材安排了大量的探究实验，这些实验都可以从不同的角度锻炼学生探究学习的能力。关键的问题就是学生应该在教师的正确引导下，要深入地落实，方可达到真正的教学目的。自主、合作、探究的学习方式是一个优化的整体，自主是前提，合作是关键，探究是目的，三者之间相互依存，相互促进。没有学生自主、独立地学习，合作、探究学习就成了空中楼阁。如果没有合作学习为中介，自主学习就不能深化，探究学习也就无法实现。在自主、合作学习的基础上，探有方向，究有成效。至于主要采用哪种学习方法，不能一概而论，应该根据教学内容辩证地选择，如"细胞器——系统内的分工合作"与"细胞膜——系统的边界"两节内容相比较，前者适合用自主、合作的学习方法，后者更适合探究式学习方法。

五、其他因素对生物课堂教学有效性的影响

课堂教学有效性是多因素综合作用的结果，除以上提到的影响因素之外，还有很多，都直接或间接地影响到课堂教学的有效性。

（一）教师的专业素养

只有有了认识的深度，才会有行为上的高度，这是对教师及教学很高境界的一种要求。时代的发展要求高中生物教师提升自身的专业素质，养成终身学习的意识。俗话说，"活到老，学到老"。社会的发展越来越快，新知识、新信息不断增加，人们只有不断学习，不断地受教育，才能适应不断变化的社会，学习已成为人们最为重要的选择。特别是近几十年来，生物学及其边缘学科有了突飞猛进的发展，如克隆技术、人类基因组计划、基因"芯片"等生物科学高科技研究成果，人类面临的人口、环境保护、粮食等问题越来越严重，都明确地体现科技在提供给人类利益的同时，人类也面临着更大的压力和挑战。这些都是高中生所应关注的问题。生物学科的研究范畴不仅

仅是生物本身，而且涉及地理、化学、气象等。生物学教师同时也应关注与人类健康、生存发展关系越来越密切的诸多边缘学科的发展。日常生活生产中的一切都关联着生物学的研究和思考，因此教师在引导学生进行探究式学习时，自己也应该进行探究学习，不断充实自己，从知识和思想以及符合一个优秀教师的各个方面全面提高自己，与学生一起共同发展进步，即不但要"精学"，而且要"博学""杂学"，这样才能更好地激励学生有效学习。

（二）教师的讲课风格

不同的老师有不同的讲课风格，不同的讲课风格有不同的课堂教学效果，至于教师擅长哪种讲课风格，因教师而异。有的教师讲课属于丰富生动型的，有的属于幽默型的，甚至有更多风格的。在一般的课堂教学中，学生以喜欢生动和幽默两种类型的占多数。丰富生动的讲课，更能吸引学生的注意力，学生往往被教师渊博的知识、精彩的讲授所折服，完全沉浸在知识的海洋中，这样的课堂教学，会让学生感受到学习是一种精神上莫大的享受。幽默的课堂教学能让学生在轻松愉快的氛围中快乐地学习，且有深入浅出、雅俗共赏、引人入胜的特点和功效，特别是富有创意的幽默语言的教学，不但能活跃课堂气氛、增进师生情感，还能培养学生的学习兴趣，传达出特殊的教学效果，启迪学生思维，给学生以美妙的享受。高中生正处在情感、态度、价值观的形成阶段，在判断问题时往往容易感情用事，一个教师的讲课方式和风格如果不是他们喜欢的类型，学生会表现出对这门课程不感兴趣、不喜欢学的情况，甚至还说"这老师不是我喜欢的那种类型，所以很讨厌上他的课"。因此，教师的讲课风格也在一定程度上影响着课堂教学的有效性。

（三）学生整体知识水平层次

学生的素质基础是教学有效性产生的前提。教学活动的有效，首先基于学生的"可教性"，最终体现在学生素质合乎目的的提高。学生的学习效能也是制约教学效果大小、教学效率高低的直接因素。

第三节　提升深度学习的高中生物课堂教学有效性

教育思想更新、教学内容改革，都要体现于教学过程，体现于教师的教和学生的学，最终体现于教学效果。如果没有有效教学，或效率很低，那么教学目标就无法实现。因此，教学的有效性是教学的生命，教学的有效性研究是课程改革的基础和归宿。深度学习的高中生物教学课程倡导以观察、调查和实验为主的探究式学习方式。生物实验是探究式学习的主要内容，它既是过程又是方法，有助于培养学生的各种能力，提高学生的科学素养。因此，生物实验教学有效性是生物教学效性的核心内容之一。

一、关于提高高中生物课堂教学有效性研究的发展需求

（一）高中生物课堂教学有效性的提出

1.高中生物课堂教学有效性研究的目的

生物学不仅是一门研究生命现象和生命活动规律的基础理论科学，还是实验性很强的学科，各种生命现象和生命活动规律基本上都是人们通过观察和实验而获得的，实验与观察是生物学建立和发展的基础，生物学实验是生物教学的灵魂和支柱，是验证、探索、发现新事物最重要的手段，是培养学生探索能力、创造性思维的重要渠道。著名科学家李政道曾指出："实验无论怎样强调都不过分。"实验不仅能够培养学生的观察能力、思维能力、自学能力、综合分析问题和解决问题的能力，更重要的是通过实验获取对科学的学习、研究方法的感性认识，训练科学方法，培养学生的科学素质。生物学是一门以实验为基础的科学，实验在生物教学中处于重要的地位，它不但是生物教学的基础和重要内容，也是生物教学的重要方法。

生物实验作为高中生物教学的基本手段，有其特殊的教学功能：

（1）通过实验可以使生物教学理论联系实际，激发学生学习兴趣和求知欲望，调动他们学习的主动性和积极性，引导他们热爱科学。

（2）通过加强实验，不仅可以使学生具备一定的感性认识，还使学生进一步理解生物概念和定律是怎样在实验基础上建立起来的，从而有效地帮助学生形成概念、导

出规律、掌握理论，正确而深刻地领会生物知识。

（3）通过实验培养学生的观察能力、思维能力、自学能力以及发现问题、分析问题和解决问题的能力，培养学生良好的实验方法以及基本的实验能力和动手能力，并在此基础上进一步培养他们的独立实践能力和创新能力。

（4）通过实验培养学生从事科学研究应当具备的严格的科学态度、科学的思维方法、严谨的科学作风，逐步学会生物学研究中基本的科学方法。生物实验教学的好坏直接关系到整个学科的教学质量，在生物教学中占有举足轻重的位置。加强实验教学，提高高中生物教学效果和开发学生创造能力，在当前的素质教育中显得非常重要。

但传统的实验教学被视为辅助性教学环节，其核心停留在基础知识的学习和基本技能的培养上，追求反复记忆和重复训练的次数，结果只能是培养"实验操作工"，使实验教学应有的作用不能得到发挥。这显然已经不能适应当今以培养学生实验创新能力为核心的素质教育的要求。鉴于此，新生物课程改革把生物实验教学提到了改革的前沿。但由于种种原因，在实际的生物学教学实践中，普遍存在着搁置生物实验教学，让其"坐冷板凳""充当替补"的现象，造成实验教学滞后，教学质量不高，缺乏有效的管理。因此，要加强生物实验教学改革，提高实验教学的课堂效果，进行有效教学，使之与素质教育的要求相一致。

教学是一种有目的的、讲求效益的活动，教学的有效性就是教学的生命。要提高高中生物实验教学质量，就需要对有效教学进行研究，其主要目的有两个：一是发展理论，二是指导实践。从发展理论而言，在20世纪后，人们开始关注"有效教学"理论，其核心问题就是教学的效益，即什么样的教学是有效的。教学科学化运动使西方国家把教育看作一种产业，对教学的效率、效益越来越重视，研究教学有效性的理论非常丰富。而我国对有效教学的研究，大多都是从教师有效地传授和学生有效地接受方面进行策略的介绍，在理论深度上不足，缺乏系统性。从指导实践而言，对有效教学的研究，目的在于指导广大教育工作者的教学实践，发展教学理论是为了更好地指导具体的教学实践。有效教学理论是一种实践性理论，其基本特征是回归实践。因而，实践过程与理论创造过程是直接同一的。教学有效性研究的核心是对教学过程中教师的"教"和学生的"学"及其相互关系的本质和规律的分析和探究，用于指导教学模式的选择、教学组织形式和教学方法及手段的选用。对于广大教育工作者而言，有效教学研究具有直接的现实意义。

2.高中生物课堂教学有效性研究的意义

（1）研究有效教学的意义

教学是课程实施的基本途径，课程改革的效果最终要通过教学效果表现出来，通过教学要使学生掌握知识、习得技能、发展智力、形成正确态度和品质。如果教学没有成效或少有成效，课程改革的一切目标都会落空。所以，研究新课程改革条件下的有效教学，提高教学的有效性是课程改革的出发点和归宿点。有效教学的研究对促进传统教学的发展具有重大的意义，因为有效教学的理论具有强大的包容性，能够吸收和兼顾人类一切传统教学的合理因素，同时又具有无限的拓展空间，能对教学的目标、内容、手段、方法、模式、策略等各个方面的研究与实践发挥巨大的效能。

对于教学来说，人们一般认为，有效与无效相对应，低效与高效相对应，而事实上，教学特别是有组织的学校教学是不可能完全无效的，所以有效教学应是与低效教学相对应的。在新课程改革实施背景下，教师应该怎样实施有效教学呢？有效教学是为了提高教师的工作效益，强化过程评价和目标管理的一种现代教学理念，它的实现并不是一蹴而就的。教学是个系统工程，包括教学的准备、教学的实施、教学的评价等多个环节。要提高教学的有效性，真正实现有效教学，教与学这两个方面都不可忽视。对有效教学的研究是提高教师教学和学生学习的效率和效益的需要。在 21 世纪，教学的重心不再是教给学习者书本上的知识，而是转向塑造学习者新型的探究学习能力。学校教育的根本任务在于使学习者学会如何学习，学会如何劳作，学会如何与他人共同生活以及学会如何生存。

科学技术的迅猛发展、社会的进步和各种信息的爆炸式增长，使学习成为生存的必要条件，使人类社会成为学习型社会，学习应该成为每一个人的基本需求和权利。学生在学校里的传统学习方式是无法满足终身学习需要的。为了能够实现终身学习，适应学习型社会的需要，必须改进学生的学习方式，让学生自主有效地学习。促进学生有效学习是国家培养创新人才的需要。

（2）深度学习的高中生物实验教学对学生发展的意义

实验教学有利于学生加深理解和巩固掌握所学的基础知识，或直接获取生物学基础知识。在实验中通过对实物的观察研究，能增强学生的感性认识，帮助学生巩固概念，深化对原理、规律的理解，并且有利于学生掌握探究生物学知识的方法，还有利于培养学生生物学实验操作技能。重视对学生进行生物学基本技能的训练，是高中生物课程标准规定的教学要求之一。

实验教学有利于培养学生的观察能力、思维能力及分析和解决问题的能力。实验是手脑并用的实践活动，是培养学生观察能力最直接、最有效的途径，可透过现象抓住事物的本质，分析问题的因果关系，找出解决问题的一些方法和措施。实验在一定程度上是模仿科学研究的过程，是一种基本的科学研究方法。探究性的实验教学以及学生开展实验设计活动对培养学生提出问题、作出假设、设计实验、观察记录、分析推理等多方面的科学研究能力是十分有利的。

实验教学有利于帮助学生确立辩证唯物主义自然观。在生物实验过程中，学生能切实地、形象地认识到一切生命活动都是有物质基础的，通过实验还可使学生深刻地体会到生物和环境、结构和功能是辩证统一的，认识到事物是变化发展的，这为学生形成辩证唯物主义自然观打下了良好的基础。

实验教学有利于培养学生严谨的科学态度、实事求是的工作作风和认真细微的学习习惯。生物实验本身具有严密的科学性，需要实事求是的态度。只有正确的实验方法和实验步骤，才能达到既定的实验目的。因此在实验中，教师要严格要求学生按操作规程认真做实验，仔细观察实验现象，尊重实验结果的客观事实和完成实验作业，不怕困难和失败，使学生逐步树立严谨的科学态度，养成实事求是的工作作风和认真仔细的学习习惯。

实验教学有利于培养学生学习生物学的兴趣及调动学生学习的积极性。生物学实验是形象和直观的，学生通过实验看到了自己平时看不到的生物微观世界，看到了平时见不到的生理过程和生理现象，会十分兴奋和感兴趣，大大地调动了学生学习生物学的积极性。

实验教学有利于培养学生的团结协作精神。由于现代科学的发展特点和各学科之间互相渗透，在科学研究等领域要求科学家、科研人员之间必须有团结协作的精神，这也是现代科研、生产和管理人员必须具备的素质之一。学生实验往往是以小组为单位，学生在实验中的协作，有助于培养学生之间的团结协作精神。

（二）高中生物课堂教学有效性提出的背景

1.新课程改革注重生物实验教学

生物学是一门以实验为基础的科学，实验在生物教学中占有重要的地位。它不但可以帮助学生获得知识，更重要的是可以通过实验培养学生的初步研究能力、创新能力，最终提升学生的科学素养。因此，生物课程改革也把实验教学提到了改革的前沿，长期困扰整个教育界的高耗低效现象日益为人们所重视。

2.新课程改革呼唤教学的有效性

从我国教育改革的现状来看，虽然已经在教育思想、教学内容、师生关系等方面进行了较系统和深入的研究，但是在实际课堂教学中仍然存在大量的低效教学现象，这已经成为改革的瓶颈，需要进行真实有效的教学实践改革，尤其是具有前瞻性和可操作性的探索。以培养学生创新精神和实践能力为核心的新一轮课程改革实验已在义务教育阶段创造出许多成功的经验，但在目前的社会背景和考试制度下，"考什么，教什么""考什么，学什么"的现象仍大量充斥教师的课堂教学。

3.生物学实验面临的问题

新一轮基础教育课程改革正在全国范围内开展，生物新课程改革倡导以观察、调查和实验为主的探究式学习方式。生物实验是探究性学习的主要内容，它既是过程又是方法，对青少年创造性思维的开发和创造能力的培养具有独特的作用。培养学生的创新精神，使学生的创造力得到发展是教育的首要目标。生物教学必须以实验为基础，生物学实验是学生获得感性知识的源泉，也是生物教学中理论联系实际的重要方面，有利于学生巩固课堂上所学的基础理论知识。

二、高中生物课堂有效性教学的理论依据

（一）布鲁姆的"掌握学习"理论

掌握学习理论是美国当代著名的教育心理学家和课程论专家布鲁姆提出的学校课堂学习理论，集中反映了布鲁姆基本的教育思想和理论观点。20世纪70年代，布鲁姆针对美国教育制度中只注意培养少数尖子学生而忽视大多数学生的发展，提出了"掌握学习"的新学生观。"掌握学习"就其实质来说，"是一个改进课堂教学的综合计划"。许多学生在学习中之所以未能取得优异成绩，主要问题不是学生的智慧能力欠缺，而是由于未能得到适当的教学条件和合理的帮助造成的。通常，如果按规律有条不紊地进行教学，如果在学生面临学习困难的时候给予帮助，如果为学生提供了足够的时间以便掌握知识，如果对掌握规定有明确的标准，那么所有的学生事实上都能够学得很好，大多数学生在学习能力、学习速度和进一步的学习动机方面就会变得十分相似。

布鲁姆也承认学生之间智力差异确实是存在的，但学生的能力差异主要是后天的。他说："我发现学校学习中的许多个别差异是人为的、偶然的，而不是个体所固有的。他认为只要提供适当的先前与现实的条件，几乎所有人都能学会一个人在世上所能学会的东西。这个结论显然最适用于学校学生群体中的中间生。"换言之，给学生提供足够的时间与适当的帮助，学生都能够学习好应学学科并达到高水平的掌握。教育者的职责就在于最大限度地促进每一个学生全面发展，而不只是选择优胜者。掌握的标准是根据某门学科结束时，学生应具备一套特定的知识以及认知水平。因为掌握学习的理论基础在于这样一个假设：几乎所有的人都能学习，几乎所有的人都能达到对所学内容"掌握"的要求。如何达到，这就需要考虑"策略"，依据学生学习达成度的差异受"各种学习能力""教学质量""教学理解力""坚持性""学习时间的分配"五种变量所制约，由此可推演出掌握学习的基本策略是：对教师来说，教学中应当经常考虑如何增加和给学生创造学习的机会以及提高自身的教学质量。对学生来说，要考虑通过教学活动培养和提高他们的学习持续力，对教学的理解力以及学习课题的能力倾向。掌握学习策略的实质是"群体教学并辅之以每个学生所需的频繁的反馈与个别化的矫正性帮助"。

布鲁姆认为，实施"掌握学习"必须把握三个变量：一是先决认知行为，指学习者在学习新的知识之前，必须具备一定的基础知识和能力；二是先决情感特点，指学习者参与学习的动机和态度；三是教学质量，指学校、教师、学生的学习和学习过程产生重要影响的各种直接控制因素。这三个变量相互依存，相互作用，共同影响着"掌握学习"的效果。

（二）奥苏贝尔的"有意义接受学习"理论

美国教育心理学家奥苏贝尔认为，人类的学习有多种多样的类型。但从学习的内容和学习者已有的知识经验的关系来看，可以把人类学习分成有意义学习和机械学习；按学习方式把学生的学习分为接受学习与发现学习。这两种方式都有其存在的价值并适用于特定的条件，在大力提倡"发现学习"的今天，教师也不能全盘否定"接受学习"对学生高效、经济地获得系统和科学文化知识，直接吸收人类社会历史实践的文明成果方面的作用。学生在学校中的学习毕竟还是以学习书本知识为主的。

因此，奥苏贝尔更主张"有意义地接受学习"。有意义接受学习必须满足内部和外部条件。内部条件是指学习者须有有意义学习的倾向，即学习者积极主动地把新知识与认知结构中原有的适当知识加以联系的倾向性，同时学习者认知结构中必须具有适当的知识，以便与新知识发生联系。此外，学习者还要积极主动地使这种具有潜在意义的新知识与其认知结构中有关的旧知识发生联系。而外部条件是指学习材料本身必须具有逻辑意义，材料间应建立起非人为的、实质性的联系。非人为的联系是指新知识与认知结构中原有内容之间有某种合理的或逻辑基础的联系，实质性的联系是指新的符号或符号代表的观念与学习者认知结构中已有的表象、有意义的符号和概念的联系。设计与采用"先行组织者"策略。所谓先行组织者是先于学习任务本身呈现的一种引导性材料，它在概括与包容的水平上高于要学习的新材料，但以学习者易懂的通俗语言呈现。

设计"先行组织者"，就是为新的学习提供观念上的固定点，给学习者已知的东西与需要知道的东西之间架设一座知识之桥，以便其更有效地学习新材料。组织者可分为两类：一类是陈述性"组织者"，应用它的目的在于为新的学习提供最适当的类属者，它与新的学习产生一种上位关系；另一类是比较性"组织者"，用于比较熟悉的学习材料，目的在于比较新材料与认知结构中相类似的材料，从而增强似是而非的新旧知识之间的可辨别性。

（三）杜威的"从做中学"教育思想

约翰·杜威是美国教育史上著名的教育家。他一生始终不渝地对现代教育进行着探索，在理论和实践紧密结合的基础上构建起实用主义教育思想体系。杜威的实用主义教育思想博大精深，其中举世闻名的观点就是"从做中学"。在杜威看来，"从做中学"充分体现了学与做的结合，也就是知与行的结合。

"做"事是人的主要本能，其他本能均可在"做"的过程中得到体现、发展。因此，杜威提出要遵循儿童本能发展及获取经验这种自然途径，在学校为儿童创设相当的环境，使学生由做事而学习。他认为"从做中学"可以培养儿童的观察力、想象力、创造力、解决问题的能力以及实际操作能力，甚至可以培养儿童的道德观念。杜威认为"从做中学"使学校与生活密切联系起来，其结果是，学校得到新生，完全革除传统教育知行脱节、动脑不动手、儿童处处被动的弊病。

（四）陶行知的"生活教育"思想

我国著名教育学家陶行知在批判杜威"教育即生活"的基础上，提出"生活即教育""社会即学校""教学做合一"的主张，形成"生活教育"的教育思想体系。"生活即教育"是陶行知生活教育理论的核心。在陶行知看来，教育和生活是同一过程。教育含于生活之中，教育必须和生活结合才能发生作用，他主张把教育与生活完全熔于一炉。"生活即教育"的核心内容是"过什么生活便是受什么教育"。陶行知认为，人们在社会上生活不同，因而所受的教育也不同，过好的生活，便是受好的教育，过坏的生活，便是受坏的教育，过有目的的生活，便是受有目的的教育。他还指出"生活教育与生俱来，与生同去"。可见，陶行知所说的"教育"是指终身教育，它以"生活"为前提，不与实际生活相结合的教育就不是真正的教育。陶行知认为，"生活主义包含万状，凡人生一切所需皆属之"。"生活"不是人们通常狭义的理解，而是"包含广泛意味的生活实践的意思"。"生活"是包括整个自然界和人类社会生活的总体，是人类一切实践活动的总称。"生活即教育"就其本质而言，是生活决定教育，教育改造生活。

具体讲，教育的目的、内容、原则、方法均由生活决定，教育要通过生活来进行，整个的生活要有整个的教育，生活是发展的，教育也应随时代的前进而不断发展。不是被动地由生活制约，而是对生活有能动的促进作用。生活教育的实质体现了生活与教育的辩证关系。陶行知认为，在一般的生活里，找出教育的特殊意义，发挥出教育的特殊力量。同时要在特殊的教育里，找出一般的生活联系，展开对一般生活的普遍而深刻的影响。把教育推广到生活所包括的领域，使生活提高到教育所瞄准的水平。"社会即学校"，源于杜威的"学校即社会"，是在对杜威教育思想批判的基础上得出的。陶行知认为，在"学校即社会"的主张下，学校里的东西太少，不如反过来主张"社会即学校"，教育的材料，教育的方法，教育的工具，教育的环境，都可以大大地增加，学生、先生也可以多起来。"社会即学校"是与"生活即教育"紧密相连的，是"生活即教育"同一意义的不同说明，也是它的逻辑延伸与保证。因为生活教育的"生活"是社会生活，所以"整个社会的运动，就是教育的范围，不消谈什么联络而它的血脉是自然相通的"。

三、高中生物新课程有效课堂教学策略

（一）教学准备策略

"凡事预则立，不预则废。"教学亦是如此，随着新课程改革的开展，教学生成性

逐渐成为普遍关注的话题，因而有部分教师误以为生成性教学就可以不用进行教学准备了，或只要准备个大体的框架就可以了，这种观念显然是错误的。教学准备，即备课，是教学工作中举足轻重的环节，是上课的必备前提。教学准备就是在课堂教学实施前对教学的总体打算和悉心安排，主要指教师在制定教学方案上所要做的工作。

1.课程标准、教材的研读分析策略

课程标准是课程理念与要求的总体体现，是编写教材、制定教学目标、选择教学方式等的根本依据。新课程改革背景下的备课工作，要求教师充分领会课程标准的精神、理念，研读标准，依据标准展开教材分析，在教材分析、处理中选择适合的教学素材，将其调整、融入教学中去。对教材的分析是总体把握教学内容，开展课堂教学工作的前提。研读课程标准与处理教材过程中，要求教师根据课程标准对教材内容进行分配与处理，在研读教材的过程中要求教师根据课程标准对教材内容进行分析、加工、整合，使之能够适合课程标准的理念、要求以及实际课堂教学情况。这也就是说需要教师在备课时根据教师、学生、教学资源等实际情况重新处理整合教材，开发教学资源，以提高备课成效。作为教师应依据标准和教材，合理地对教材进行统筹整合、整体设计，适当地进行内容增减、调整，引领学生超越课本。

2.学生学情分析策略

学生学情分析是教学准备工作开展的基点，是教学准备的有机组成部分，一切脱离学生学情的教学准备都是无效或低效的，学生学情分析与教学准备的各部分之间都存在着密切的互动联系。

首先，学生学情分析是教学目标设定的基础，脱离学情分析的教学目标往往不切实际、形同虚设，因为只有真正了解学生的已有知识经验和认知发展规律，才能确定学生在每一堂课的教学活动中的最近发展区，才能从知识、能力、情感等方面来制定符合最近发展区的二维目标，才能让学生真正学有所得。

其次，学生学情分析也是教材分析整合的依据，不建立在学生学情分析上的教材分析往往会显得空洞无效、无的放矢，因为只有针对学生的具体情况才能确定教学的重点、难点，才能安排适合学生学习需求的教学内容顺序。

最后，学生学情分析也是具体的课堂教学策略选择和实际教学活动设计的着陆点，脱离学情分析的教学策略往往是空中楼阁，因为没有学生的知识经验基础，任何学习方式的采用都容易发生偏离，难以落到实处。

因此可以说，学生学情分析是对新课程改革要求的"以学生为中心"的教学理念

的具体行动和落脚点。

3.悬念型"问题情境"

悬念是一种学习心理机制，它是因为学生对所学知识感到疑惑但又想了解时所产生的一种心理状态。悬念对大脑皮层有连续的刺激作用，使人猜不透、想不通，但又丢不开、放不下。于是，带着悬念和疑惑，学生进入了遗传学知识的殿堂，为了破解这个疑团，学生自然会怀着"当一回法官的使命感"饶有兴趣地学习这部分知识，可见成功地创设悬念能很好地引起学生探索未知奥秘的心理，能贯穿课堂教学始终，如此学习对于学生而言自然不再是一件苦差事了，课堂教学效率节节攀升。

4.猜想型"问题情境"

猜想是对研究对象或问题进行观察、思考、分析、比较、联想、归纳的基础上依据已有的材料、知识、经验作出符合事实的推测性思维方法。为了验证自己的猜想是否正确，学生开始在新课的学习中努力寻求解决这一问题的知识点，抓住生态系统中能量沿食物链传递过程中逐级递减的原理，于是便顺理成章地揭开了其中的奥秘，使猜想的疑团顺利解开，知识的学习在猜想、解密中内化与应用，甚至起到让学生终生难忘的教学效果，使知识的掌握更为扎实，课堂教学效果大幅提高。

5.实验型"问题情境"

实验型"问题情境"通常指教师在课堂教学中结合教学内容创设一些探究性或演示性的实验，并让学生主动参与到实验中，从而使学生主动参与到学习过程中，加深学生对实验现象的印象。通过探究或演示实验，激发学生的学习热情，引导学生观察和分析生物现象，获得形象、生动的感性知识，点燃学生的思维火花，从而帮助在实验现象和所学的知识之间构建起内在的联系，以便学生能更好地理解和掌握生物学知识和规律。

6.信息型"问题情境"

现代信息技术的发展对生物学科教育的目标、内容、价值以及教学方式都产生了巨大的冲击，借助信息技术方法作为生物学科教学的有力工具，不但丰富了教学资源，提高了师生的信息素养，同时也提高了课堂教学的生动性、活跃性，对提高课堂教学效率起到了不可估量的作用。

（二）"提问设疑"策略

学起于思，思起于疑，学习思维过程的开启往往源自问题。提问设疑是课堂教学过程中的重要环节，是师生交流的重要手段，是发展思维、促进学习的重要方式。设疑能为课堂教学活动创造连续的兴奋点，激起思维的浪花。提问设疑是教学互动交流的催化剂，设疑必须符合学生的心理状态，力求满足不同层次的学生需求，因材施教。在教学过程中精心设疑，往往能把学生带入一个个未知的世界中去，激发其探索欲望，使学生保持思维的巅峰状态，并从中培养学生分析问题、解决问题的能力，从而有效地提高课堂教学效率。

（三）促进课堂参与的策略

有效的课堂参与常指学生带有明确的学习动机，主动思考和融入课堂教学活动中，通过交流、互动等一系列活动使学生在知识、能力和情感等方面得到全面发展，显示出明显的学习效果。而无效的课堂参与则表现为学生学习动机不明确，参与教学活动表现被动，或游离于表面形式，不能真正深入活动中去。

众所周知，传统的"教师中心""单向传输式"的课堂，学生在教学活动中的参与度低，在这种状态下，学生的学习主动性很容易被扼杀，教学成为师生共难的弊端显而易见。这种忽视学生课堂参与的教学不但是与新课程改革理念相违背的，也是导致课堂教学的效率过低的重要原因。学习的主动权应掌握在学生手中，学生不是知识的容器，无论是把前人的知识经验传递给学生，还是将其转化为学生的能力，或是把知识内化为学生的思想情感，都必须要通过学生的主动思考和参与，只有在亲身参与、实践中才能真正获取知识，才能真正发展能力、培养情感，教学活动才能变得积极、有效。

1.课堂讨论，促进参与

如何借助课堂讨论激发学生的学习兴趣和求知欲望，如何在学生参与讨论的过程中尽最大可能地来调动和发挥学生的思维积极性，从而产生巨大的内在学习动力，是课堂讨论活动中的关键点和最终目标。

毋庸置疑，精心设计问题是开展有效讨论的前提，要使讨论富有成效，那么教师所提出的问题或讨论题就必须具备思考讨论的价值和探讨的余地，同时也要使所讨论的问题落在学生的兴奋点或者兴趣范围之内。

如果教师把一些简单易懂、一目了然、无须讨论的内容也列入讨论的范畴，那么课堂讨论"泛滥"，既浪费了宝贵的教学时间，也在一定程度上磨灭了学生的学习激情，最终必然影响课堂教学效率。当然，与此相对应的，也有教师"好高骛远"，将一些远高于"学生最近发展区"的问题让学生进行讨论，从而导致学生无从下手，丧失了学习的信心，讨论结果自然"无功而返"。所以，教师要确定好所要讨论问题的范围和深度，做到尽可能地使问题落在学生的兴趣增长点上，贴近学生的实际生活，基于已有的知识经验，落在学生的最近发展区内，符合学生的认知发展规律和生物学科的学习规律。

2.角色扮演，全面参与

"角色扮演法"是指课堂教学中根据教学需求，在教师的组织下由学生依据教材扮演特定的角色，在扮演过程中进行学习。角色扮演过去大多出现在会计学科的教学中，很少应用于自然科学的教学中。但随着新课程改革的推进和新课程改革教学的内在要求，角色扮演法也为深度学习的高中生物新课程的教学提供了广阔的应用舞台。

"角色扮演"作为教学活动中的一种具体形式，其生动活泼，妙趣横生，历来为学生所喜爱，它能很好地激发学生的学习兴趣，激活课堂气氛。然而，角色扮演也不是适合于生物课中任何教学内容的，一些本身已具有具体形象或生动描述的分类、形态、结构的生物学内容，就无须采用角色扮演进行教学。角色扮演一般应用于带有很强的说理性或学生觉得枯燥无味的抽象知识的教学中，从中起到化抽象为形象、化呆板为生动的教学效果。

3.汇报演讲，增进参与

高中生物课程虽然属于自然科学范畴，但是新课程提倡采取多样化的教学方式，因而教师不可固守传统的教学方式，而应在推陈出新中将丰富多彩的教学方式有机地引入并整合到生物课堂中来。新课程改革背景下的高中生物教材中穿插了许多调查性、研究性学习活动以及小资料。研究成果或调查成果的交流汇报、演讲是教学的内在要求，也是在提高学生科学思维的同时，发展交流、汇报能力，发展语言能力的良好契机，符合学生多元发展的要求。

（四）促进合作学习策略

合作学习泛指"学生在小组或团队中为完成共同的任务，有明确的责任分工的互助性学习。"它要求每个学生在小组中彼此配合、互动，自主地完成自己应该承担的责任，又积极主动地融入小组集体中，互动交流共同完成学习任务，以期共同发展，共同进步，共同提高。

合作学习同时也是新课程改革教学的内在需要，是以教师为中心课堂教学模式的改造。使教学过程真正建立在学生自主活动、主动探索的基础上，通过学生全面、多样的主体性实践活动，促进学生在学习中进行自主合作、交流互动以及多方面素质的发展。与此同时，合作学习是提高课堂效率的方式，师生、生生之间的多向交往有利于形成积极的学习氛围，有利于教学信息的交流，有利于师生、生生间思维的相互碰撞、相互启发，有利于协作精神的培养。在目前我国大班化教学依旧盛行的情况下，合作学习更显必要。合作学习在拓宽了课堂教学合作联系的同时也在合作交流中加强了学习的个别化，对每一位学生的发展都起到了良好的推动作用，学生在民主、开放的合作式教学氛围中，都能得到自主参与学习的机会，激发出学习潜能，都能得到自身的发展。合作学习的关键取决于合作学习的内容选取，有些教学内容和教学环节可以或必须用合作学习，而有些部分用之则勉强，效果不佳。这就需要教师正确选择，不能为合作而合作，而要具体问题具体分析，关注学生学习能力的培养和学习效果。

1.课堂小实验中组织合作学习

生物学是一门以实验为基础的学科，课堂小实验在生物教学中起到了举足轻重的作用。若在教学中能尽可能多地以合作学习的形式合理穿插小实验，会使课堂教学变得更为生动、有效，对课堂教学内容的顺利开展起到推进作用，对促进学生生物学学科素养以及科学素养的培养都是十分有利的。

2.生物学史教学中组织合作学习

生物学史的发展记载了生物科学技术发展的进程，也体现了科学的发展是一个继往开来、不断修正、不断更新的历程。高中生物中有许多关于生物学发展历程中坚持不懈、开拓创新的科学精神。如果教师单纯以讲授或者让学生阅读进行科学史的教学效果显然不会太理想，在生物学史的教学过程中采用合作学习的方法，让学生最大限度地参与到教学中，通过参与将科学精神内化为自身的精神和科学素养。

3.课堂总结中组织合作教学

一节课或一单元学完后适时对知识点进行归纳小结、巩固加深，对知识的理解和内化起着举足轻重的作用。传统的课堂总结或复习都是教师把知识进行归纳好后完整地"倾倒"给学生，学生被动地"接受"知识。由于知识的整理和归纳并未经过学生自主思考、主动构建，显然难以内化成自己的知识结构，仍然需要自己在课后进行复习，且复习也是被动地记忆教师整理出的知识结构居多，很难将知识结构真正内化为自身知识体系。如此一来，课堂教学时间利用率低下，使教学陷入恶性循环的泥淖之中。因此，在每一节课、每一单元以及整个高中生物课程学习结束以后，在教师的引导下及时安排学生按小组合作讨论的方式做好知识点的整理和归纳工作，这样既理清了知识脉络，又让学生体验到了自主、合作学习过程中总结知识联系的重要性，摆脱了对教师的依赖性，培养了自主合作学习的精神，使教学总结复习工作进入良性循环的机制，从而大大提高了教学的效果。

（五）探究式学习策略

探究式学习是由科学家施瓦布教授提出的，他认为教学不仅是一种意向性的行为，同时它又是一种探究性行为，学生的学习过程与科学家的研究过程本质上是一致的。倡导探究式学习是深度学习的高中生物新课程倡导的理念之一。

探究式学习是指学生通过类似科学家进行科学探究的方式获取知识，并在此过程中获得科学的方法和技能，形成科学的思维方式、科学的观点，树立科学的精神。探究式学习是对传统教学方式的一种变革，学生将从被动学习者变成主动参与的学习者。由过去从学科概念、规律的学习方式转变为通过各种事实来发现概念和规律的学习方式，教学模式也将发生根本性的改变。生物课堂教学更多体现于学生的讨论、交流等活动。在探究式教学中，当学生面临问题时，教师要引导学生设法对问题进行思考、分析、推断，找出解决问题的着手点，然后通过直观感受、实验、论证等方式解决问题。当然，也可搜集相关资料，在此基础上对其进行归纳、比较、统计、分析，形成问题的答案，并通过讨论、交流，进一步了解问题、发现新问题，进行更为深入的研究。

第五章　深度学习的高中生物问题情境教学

批判性思维作为深度学习的重要构成，在课堂教学中采用有效的教学策略对提高学生批判性思维能力是显著提升生物知识加工水平，发展生物学学科核心素养的重要途径。

第一节　问题情境的深度学习课堂教学策略

一、深度学习路线图

从批判性思维与深度学习的内涵和特征出发，在深度学习一般路线上融入批判性思维，能进一步帮助教师把握深度学习课堂教学的关键步骤，明确在不同阶段学生发展的核心诉求。

（一）设计标准与课程

深度学习倡导大概念学习，要求教师能重新认识教学目标的价值，依据深度学习理念选择教学内容和情境素材，制定符合深度学习的教学目标。不同的教学目标会形成不同的教学活动，给学生带来不同的教学体验。与三维目标不同，三维目标对教学目标的机械分割往往导致课堂学习内容的割裂。教师在三维目标的教案书写中，常常忧患于本堂课的教材内容中哪些是属于知识部分，哪些是属于技能部分，哪些是属于情感态度部分，忽略了学生的情感态度变化与技能提升一直伴随在认知过程的发展中这一事实。深度学习的教学目标更注重整体性，关注学生在课堂情景下对评价任务的高阶思维能力与问题解决能力。

（二）预评估

预评估是深度学习路线区别于其他教学理念的显著差异。预评估可以使教师了解学生的学习程度和以往的知识结构，哪些概念是正确的可以引导的并与新知识发生联系的，哪些概念是错误的需要立即运用合理的教学方式更正的，如何创设深度学习的问题情境，应该做到什么程度，花费多少时间，舍弃多少细枝末节。这种方式一般可以通过一些简短快速的小测验完成，如是非测验、概念图、导学案等。

（三）营造积极的学习文化

营造积极的学习文化有两个关键因素：教师与学生。教师要深刻理解本学科对学生核心素养发展的独特价值与优势，充分理解核心素养的内涵和各要素之间的本质联系才能带来更有针对性的学习指导。深度学习的实施离不开学生的团队合作探究，学生的年龄，思维方式和认知结构的相似，使学生能够在小组合作探究中迸发出火花。

（四）预备与激活先期知识

深度学习的结果是学习者"概念转变"，学习者的概念转变是新旧知识的交互过程，需要教学者在教学导入环节利用多种教学手段激活先期知识。问题的提出是激发先期知识最常用手段。问题的解决包括两个部分：问题的表征和问题的解决方案。学生总是倾向采用类比的方法解决问题，这就意味着学生习惯将有待解决的问题以更为熟悉的方式进行表征，倘若该问题与曾经遇到过的某个问题相似，学生就能轻易地将问题解决方案迁移，先期知识同时也为问题解决提供了必要的基础。

（五）获取新知识并深度加工知识

知识的深度加工要求在学习活动设计时要符合深度学习的特征。"联想与结构"是指学生的学习方式与学习对象，要求学生用联想的方式将符合个人经验生活的知识结构化。"活动与体验"是深度学习的运行机制，回答着学生是深度学习的主体，学生的学习活动是全身心高情感、高行为、高投入的过程，同时也是教师精心安排设计的过程。"本质与变式"要求教师在教学过程中将知识与日常生活相联系，帮助学生在对知识的本质理解与变式中完成深加工。"迁移与应用"是知识向个体经验转化的过程，因此教师需要在课堂教学中模拟社会实践即创设真实的任务情境。"价值与评价"是深度教学的终极目的，要求学生能对自己所学知识作出正确的、合理的分析，而这种评价正是依赖学生的批判性思维能力，因此在深度学习的实践中，学生的批判性思维能力是学生知识深度加工的关键。

二、融合批判性思维的深度学习模型

首先强调基于批判性思维的深度学习模式是发生在真实的情境中，通过问题解决促进学生的深度学习。在学习初期，教育者可以通过几分钟的小活动对学习者的知识结构与最近发展区进行预评估以确定符合深度学习的学习目标。深度学习的学习目标指向的是在完成课堂学习之后，学生所应获得的学科核心素养的学习结果，包括具体的知识、技能、策略、学科观念与意识等。学生在真实情境中，借助自身思维品质及教师的引导，产生一个开放的问题，并通过熟悉的问题解决方案对开放问题重新表征，明确思维目的，为搜集思维材料，论证信息进行充分的准备。学生在真实情境中的问题发现是深度学习发生的首要条件，预评估能帮助教师全面地把握学科结构，确定学生的发展水平，了解学生的学习规律，是营造良好学习环境的基础环节。

学生在上课前并非一张白纸，他的认知结构受到了以往经验的影响形成思维定式，这些知识经验有的能帮助学生迅速理解新知识，提供问题的解决方案，有的则会形成认知障碍，阻碍学生的进一步发展，同时这些知识经验的牢固程度也深刻地影响了深度学习的实施过程。例如，在生态系统的结构一节中，学生就会根据以往的知识想当然地将所有植物划分为生产者，所有动物都划分为消费者，这些机械的分类显然是不符合科学实际的，此时教师就需要提供特例，帮助学生厘清生态系统结构之间的关系，重构学生的认知结构。此外，学习者对原有知识的认知过于牢固，会导致学生不能轻易接受新的思想，而认知过于松散，则意识不到认知冲突，难谈引导。因此，深度学习强调了"联想与结构"，作为学生所接受的学习内容，并非孤立的、零散的，而是经过人为编排的、有逻辑的、有体系的学科知识。它可以作为新知识的入门门槛，也可以与新知识相互补充完善，形成新的、缜密的系统知识结构。

因此在"激活前知识"阶段，学生需要对情境中的思维要素进行感知与搜集，根据当前学习活动去联想，去唤醒与当前场景相匹配的经验与知识，为重构新的知识体系，寻找问题的解决方案提供便利。同时学生通过对知识抽提过程与信息处理过程的评估与论证，可以将注意力转移至更高的信息加工层次，以优化其思维特质。对知识进行加工是学生获取新知识的必备途径。机械学习将知识的加工水平局限于回忆阶段，在这一阶段，学生几乎可以回忆起所有的重要的学科术语，却无法运用这些知识去理解新的概念和解决问题，无法将知识迁移至新的情境。

因此对学习对象进行深加工是学生达成深度学习的必经之路，在对知识的深加工中，可以分别从"知识的建构"与"知识的迁移"两个方面对领域内的深度学习发生机制展开论述与分析。

"知识的建构"回答的是如何把握知识的本质，要求学生能抓住学习内容的本质属性并由此引出若干变式，全面构建认知结构。把握知识的本质的过程不是教师在讲台上描述的过程，而是在教师的引导下，学生通过科学方法（如归纳法、假说演绎法、比较法等）对学习内容进行阐述、分析、推理、解释。"本质与变式"不断纠缠的过程中学生的批判性思维能力也在不断的发展。

"知识的迁移"回答的是如何将学生个人经验转化为个人能力，是学生学习成果外显化的过程。构建真实复杂的社会情境就是将学生思维外显化的重要策略，在教师精心设计具有挑战性的学习任务中，学生可以不断的搜集论证以往的知识，发现一个新的问题，依据个人经验提出一个假设，思考各种可解决问题的方案，经过综合评估产生一个符合逻辑的、具体的、可操作的方案，最后该方案将作为学生对所遇问题的解决方案被执行，并形成对该类问题的模板存放于记忆中。在问题解决的过程中，学生将遇到思维的构建、打破与重组、质疑与辩论、判断与反思、教师的不断追问、同伴的交流协作等，学生得以从多角度，多视角理解、应用、反思，对知识进行深度加工。这一过程正是批判性思维发展的基本过程与学生个人能力提升的过程。

除了对知识进行问题情境化处理，教师还应该对学生的学习路径进行安排，针对不同知识点，允许学生进行多步骤学习，一般来说，深度学习需要经历三个学习步骤，因此丰富的课外活动也是学生进行知识深加工，加快小组建设的重要辅助手段。教师应当开展多样式的活动，促进学生知识的深度化与能力的发展，这些活动包括课堂知识的感知活动、复杂概念的综合与分析活动、生物学知识的应用活动及新旧知识体系的同化活动等。

第二节　问题情境教学设计原则

　　新的教学理念要求学生完成从"解答试卷的能力"到"问题解决的能力"的转变，同时也呼唤着新的教学手段——问题情境教学。以情境作为学生搜集素材信息的心理状态与环境，以问题作为驱动课堂教学的活力源泉，以具体知识作为问题解决的工具被发掘、运用的过程就是问题情境的实施过程。深度学习的高中生物教学问题情境的创设过程必须要抓住以下三个设计原则：

一、依据课程标准，围绕学科内容

　　立足学生核心素养的提升，首先要依据课程标准，明确学生所应掌握的学习内容，以及内容之间的联系。教师必须深刻理解课堂标准与学科核心内容，梳理学科知识点，让问题的设计有据可依，有理可循。每一个埋藏在情境中被学生发现的问题，都是经过教师的引导并依据学科内容精心安排的。例如，在"现代生物进化理论"一节中由于本节的知识是纯理论知识，抽象度高，学生不易理解各理论之间的差异与局限，因此可以设置对比问题，以同一情境素材设计问题帮助学生辨析不同理论间的差异，问题的设计侧重对不同进化理论的模型构建引导。又如，在"神经调节与体液调节的关系"一节，课程标准要求学生建立几种调节模型，以炎热情境为例，在问题设置时可以通过问题引导人体体温的来源与去路，对比神经调节与体液调节的特点，区分哪部分属于神经调节、哪部分属于体液调节，结合细胞反应建立炎热环境下的体温调节模型。

二、核心知识的问题化

　　运用问题情境促发的深度学习需要满足两点：知识要具有可解决性和可解决知识的空间性。这就要求教师对核心知识进行问题化处理。在教学过程中，高中学科知识对于教师而言是已知的，但对于学生而言，这些知识是陌生的。因此，需要教师站在学生的成长角度思考问题，深刻理解学生，认识到学生认知水平的差异和学习逻辑，沿着学生对知识认知的过程，从局部开始探索，有针对地将知识结构化、问题化，引导学生沿着问题对学科内容的认识从局部走向整体，从宏观走向微观。例如，在"植物生长素的发现"一节中，核心问题在于植物生长素的实验，因此在问题设计时可以利用科学史，通过对达尔文、詹森、拜尔、温特的实验内容分解，从自变量、改进、结论的角度总结植物激素的产生部位、作用部位、感光部位与弯曲部位。又如，在"种群的特征"一节中，核心问题在于种群数量的变化规律，因此问题与情境创设在于使学生感知种群数量的影响因素。

三、情境素材链接真实情境

学生在面对真实情境时所表现出的思维方式、信息搜集能力、问题解决策略是深度学习的育人要求。而这种能力正是在教师不断的情境创设与问题解决中提升的，因此教师在设计问题时需要将问题锚定在符合其背景的真实情境中，模拟社会实际，为学生走出校园，成为社会人才做准备。

情境素材的重要价值首先在于将"具体知识"转化为"学习任务"，虚假的情境素材会让学生感到尴尬，无法激活学生学习兴趣，更无法让学生将具体的问题变成自己主动的，想要解决的难题。真实复杂的情境素材可以让学生发现原有知识结构与现有情境之间的不平衡、不和谐，这种认知冲突会激发学生学习兴趣，让学生主动获取新知识以完善其认知结构，驱动学生将问题转化为学习任务，帮助学生完成概念转化，促进深度学习的发生。情境素材的另一个重要价值在于素材本身，好的情境素材蕴含了学生在解决问题时的思维材料，在对思维材料的处理过程中，学生可以发现新的问题，产生新的问题解决的方案。一般情境素材链接策略有：链接生产生活，如与学生日常起居，衣食住行等相关的内容，这些内容能轻松有效的激活学生的个人经验与学习兴趣；链接科学前沿，如生物技术、生物学奖项等，这些科学前沿可以开阔学生视野，为今后从事相关工作、研究打下基础；链接思想道德教育，如爱国主义等。

第六章 深度学习的高中生物核心素养教学

第一节 核心素养下深度学习的高中生物教学设计

一、高中生物学科核心素养

生命科学作为自然科学领域的重要课程之一，也是学生基础教育阶段所必修的科目之一。生物学科核心素养作为学科核心素养的分支，是基于一定的学科背景而存在的。所以，在对生物学科核心素养进行界定之前，我们需要明白学科核心素养的概念。学科核心素养是指突显学科本质，具有本学科独特育人价值的、重要的素养。学科核心素养是学生在某一学科中习得的知识、技能及其形成的素质与修养，具体包含学科基础、学科能力、学科思维方法、学科思维品质等，各个学科的核心素养是学生发展核心素养的重要组成部分，是学生所形成的既具学科特质又包含跨学科的必备品格和关键能力。

生物学核心素养是指个体在本课程的学习过程中逐步形成的正确价值观念、必备品格和关键能力。当个体在未来的生活、工作或学习中遇到某些复杂、不确定的难题时，自身具备的生物学核心素养能够发挥作用并帮助其解决问题。高中生物核心素养包括生命观念、科学思维、科学探究和社会责任。

生命观念是指对观察到的生命现象及相互关系或特性进行解释后的抽象，是人们经过实证后的观点，是能够理解或解释生物学相关事件和现象的意识、观念和思想方法。学生应该在较好地理解生物学概念的基础上形成生命观念，如结构与功能观、进化与适应观、稳态与平衡观、物质和能量观等；能够用生命观念认识生物的多样性、统一性、独特性和复杂性，形成科学的自然观和世界观，并以此指导探究生命活动规律，解决实际问题。生命观念的形成有利于高中生在学习了生物学之后，拓宽自己的世界观视野，养成尊重、爱护生命的科学态度。高中生生命观念的形成，是受教育者在基于学科培养角度发展学生素养的重要组成部分。生命观念中的众多规律，如结构与功能观、进化与适应观等在实际生活中都有所体现，解决实际复杂情境的问题的应用则是学生在问题解决过程中所产生的概念和规律上的迁移，是指学生可以将学科知识真正用于实际生活中来解决问题。

科学思维是指尊重事实和证据，崇尚严谨和务实的求知态度，运用科学的思维和方法认识事物、解决实际问题的思维习惯和能力。学生应能在学习知识的过程中逐步发展科学思维，如能够基于生物学事实和证据用归纳与概括、演绎与推理、模型与建模、批判性思维、创造性思维等方法，探讨、阐释生命现象及生命规律，审视或论证生物学社会议题。科学的思维观念是我们所倡导的对待事物的良好积极的态度，是一种实事求是的求实精神。教育是为学生在未来生活所做的准备，因此科学思维也是学生未来生活中思考问题的思维工具。现实世界往往有许多未知的事物等待我们去探索，对生活中的事物的求知和探寻的能力是生存所必不可少的能力。科学思维的培养有助于学生在以后的问题解决中形成科学理性的、解决问题的方式和思维方法，针对社会性的科学议题保持科学严谨的思维态度，不盲目跟风、质疑或盲信，以科学的思维去求证和解决问题。

科学探究是指能够发现现实世界中的生物学问题，针对特定的生物学现象，进行观察、提问、实验设计、方案实施及结果的交流与讨论。学生应在探究过程中逐步增强对自然现象的好奇心和求知欲，掌握科学探究的基本思路和方法，提高实践能力；在探究过程中，乐于并善于团队合作，勇于创新。探究精神是现今我国学生所缺少和追求的一种精神，我们期望所培养出的人才是具有科学探究精神的未来接班人。科学和生产力的发展，以及人类的进步都是在人类的求知欲和好奇心的驱动下实现的，只有保持这种探究的精神，才能在国家和个人的未来发展上都产生良性的影响。学生在生物的学习过程中所掌握的科学探究能力是日后更深的科学学习的基础，其培养有利于学生在生物学现象上探究想法的形成和自主探寻方法的掌握。

社会责任是指基于对生物学的认识，参与到人与社会事物的讨论，作出理性解释和判断，解决生产生活问题的担当和能力。学生应能够以造福人类的态度和价值观，积极运用生物学知识和方法，结合本地资源开展科学实验，尝试解决现实生活问题；

树立和践行"绿水青山就是金山银山"的理念，形成生态意识，参与环境保护实践；主动向他人宣传关爱生命的观念和知识，崇尚健康文明的生活方式，成为健康中国的促进者和实践者。学生也是社会人的一员，对社会，对生物、生命的世界观和价值观的形成，以及正确态度的养成有着不可推卸的责任。现实生活中往往伴随着许多生物的现象和问题，学生有义务养成科学生物观念传递的责任，纠正伪科学，普及科学的生物学知识。生物学科的社会责任是生活在地球上的人类，对待生命所需具备的担当和责任，也是绿色文明生活方式和生态意识形成的实践者所应具备的品格。

由此可见，生物学学科核心素养就是学生在生物学课程学习过程中逐渐发展起来的，解决真实情景中的实际问题时所表现出来的价值观念、必备品格与关键能力，是学生知识、能力、情感态度与价值观的综合体现。生物学科核心素养的培养应该贯穿于教材编写、课堂教学及考试评价中。

基于深度学习的高中生物学科核心素养的教学设计，其目的在于培育高中生在生物学科学习后所应形成的学科核心素养，促进学生的全面发展。目前，并没有独特的教学设计形式是专门针对学科核心素养的教学设计，但可以清楚的是，教学设计与核心素养的要求相结合，是以学科核心素养的培育为目标的。核心素养培育上要求在教学的目标上强调知识目标与能力目标的一致性，如在教授进化理论的学习时，教学设计既要求学生掌握进化理论知识的主要内容，又要考虑在进化的适应性的生命现象结果产生的分析思维能力，以及在脱离了书本知识时，学生有对现实生活中的生命现象给予解释和分析的能力。基于学科核心素养的教学设计是从知识目标、能力目标上升到素养成为目标的升华，是为了学生在生物学课程学习中能够培养出形成解决真实情境中实际问题所应该具备的价值观念、必备品格和关键能力，是在课程学习中实现知识、能力、情感态度与价值观的综合素养。

二、教学设计存在的主要问题

教学目标是教学活动的出发点和落脚点，学校教育是有目的的教育活动，教师对正确教学目标的确定是抓住了教学灵魂，掌握了支配教学过程的钥匙。教学目标的制定表明了课堂教学中教与学的走向，教学目标应该是整个教学活动中都必须朝向的最终目的地。因此，教师在授课前进行教学设计的过程中，准确把握教学目标是教学活动顺利进行的起点，不准确或错误的教学目标对整个教学活动的顺利进行都将产生巨大影响。通过分析了众多学者的研究后，总结出当前教学设计的主要问题有以下两点。

第一，在教学目标设计的功能上认识不足，目标意识淡薄。一方面，教师在课堂授课之前没有进行教学目标设计的想法，或对所设计出的目标采取漠视的态度；另一方面，教师对教学目标熟知，并且在自己的教学设计中设有教学目标，但并不认同它是需要"设计"的，这些教师认为教学目标不需要花大量时间去设计，认为教学目标只是为了应付学校的检查而写。

第二，在教学目标设计的准确性和科学性上的把握还有待提升。一方面，教学目标需要根据不同的教学内容、受教育者、教学媒体和教学情境等随之变化，但在教学设计的过程中一些教师经常直接从教师用书或者其他文献中直接拿来拷贝和借用，那些都是他人的教学目标，不一定适合自己的教学情况，教师们没有针对自己学生的实际情况和自己学生的认知发展水平进行教学目标的设计；另一方面，教师在设计教学目标时对课程标准等资料中提到的认知动词缺乏准确认识，只有浅薄的主观上的理解，了解一些简单的行为动词，在实际应用上没有按照认知结构来设计教学目标的层次、突出重难点。

（一）教学策略设计问题

第一，教学策略是机械化的模式呈现，教师在着手进行教学策略设计的时候，教学内容和教学环节过于机械化，没有把实际情境中的教学需要考虑进去，而是直接将理论上的教学策略套用在教学设计过程中。

第二，教学策略的选择不够恰当，鉴于教师在了解学生的过程中并没有全面充分地分析，因此造成教学策略选取上存在不适宜的现象。

第三，教学策略考虑到要重视教师的教，但却没有足够重视学生的学。教学方法包含教师的教的方法和学生的学的方法，但现实情况是有很大一部分一线教师在进行教学设计时，往往只考虑自己教学时想要达到的效果来选用教学策略，在学生的知识获取方式上并没有多加考虑。

第四，教学策略的设计中对时间的把控缺乏灵活性，在实际的课堂真实情境中，由于各种偶然情况的发生，随之产生许多即时的生成性教学问题和情况，这就在进行教学策略的制定上提出要求，上课前精心的流程预设及课堂上预留的可变流程都是不可或缺的。

第五，在课堂教学中的一种重要策略，即提问策略上仍然有缺陷。其一，问题设计显得杂乱无章；其二，问题设置缺少启发性，主要体现在问题设置过于简单，大多是封闭性问题，停留在表面的提问，学生不需要经过思维的探索便可直接得到答案。

（二）教学评价设计问题

第一，教师对于教学评价的重视程度上还不够。在实际的课堂教学实践中，教师对教学评价相关的理论认识还不充分，对教学评价的方式基本上采取的是从定量的角度进行评价。

第二，教学评价形式显得过于单一。一方面，教师在课堂上针对不同的学生或不同的教学内容，在课堂上仅仅采取口头上的"正确、很好"等语言进行评价；另一方面，在对教师的评价上，多采取量化的评价，对很多情感态度或价值观的体现上和对所设计的教学目标的达成都缺乏评断。

第三，教学评价的内容停留在表面。教师在实际教学情境下存在普遍忽视教学评价设计的情况，教学评价仅仅从学生的考试成绩或作业完成情况上获得反馈，这就导致教师忽略了教学本应该对学生能力、情感态度与价值观上产生的影响的检测。

教师对教学评价标准往往关注的是从智力测试的角度来考虑，所以评价也就停留在了对学生智力上的检测，从而忽视了学生其他品格方面的实现情况，不符合现代教学理念对人才培养规格的要求。

三、核心素养下深度学习的高中生物教学设计策略

（一）教材分析要挖掘对学生生物核心素养的培养

基于核心素养的教材分析要改变传统教材分析方法，重点落在分析如何将教学内容与需要建构的核心素养要求相结合、如何把核心素养融入具体的教学内容中。

1.挖掘教材内容中所包含的生命观念

学生生命观念的形成是以核心概念的理解为基础的，所以概念教学是帮助学生构建生命观念的基本途径之一。因此，对教材内容的分析，可以从核心概念教学的分析入手。例如，在"细胞器——系统内的分工合作"这一节中就隐含了结构和功能的观念，首先要让学生理解细胞器的概念，教材以类比的方式引入细胞器的概念，把细胞与工厂、细胞器与车间进行类比，帮助学生理解细胞器这一核心概念；其次，教师引导

学生复习以前的知识，如绿色植物细胞中含有叶绿体，所以能进行光合作用，而人的细胞是动物细胞，动物细胞中不含叶绿体，所以人的细胞不能进行光合作用，教师在教学中渗透了结构决定功能这一观念；最后，学生将这一观念内化，并且可以用这一观念解释其他的生命现象，如教材中的问题："飞翔的鸟类胸肌细胞中的线粒体数量比不飞翔的鸟类多；运动员肌细胞中的线粒体数比缺乏锻炼的人多；在体外培养细胞时，新生细胞比衰老的细胞线粒体多。这是为什么呢？"学生可以很好地利用结构与功能观来解释这一现象。

2.挖掘教材内容中所包含的科学思维

逻辑性思维、批判性思维、辩证思维和创造性思维等都属于科学思维。科学思维是一种有明确的思维方向，有充分的思维依据，能对事物或问题进行观察、比较、分析、综合、抽象与概括的一种思维。例如，在"降低化学反应活化能的酶"这一节中，教材中设置了"比较过氧化氢在不同条件下的分解"这一实验，教师可以引导学生自己设计探究实验方案，实验结束后分析比较实验数据，总结归纳得出实验结论。

3.挖掘教材中的科学探究任务

不是所有的科学探究任务都直接以探究活动的形式出现在教材中，有一部分探究活动是隐藏在书本中的，需要教师翻阅教材，认真思考、挖掘和发现。例如，在"光合作用"这一节中，组织引导学生去探究光合作用的产物是什么。需要注意的是，在挖掘教材中的探究实验时，一定要考虑探究实验的难度。

4.挖掘教材对学生社会责任的培养

教材中对学生社会责任的培养主要可以从三个方面入手：一是生物科学史，教师可依据授课内容从教材中挖掘出一些科学家的故事，特别是国内科学家的故事，如"杂交水稻之父"袁隆平、"克隆牛之父"杨向中、获得"诺贝尔生理学或医学奖"的药学家屠呦呦等，培养学生刻苦钻研、报效祖国、服务社会和人民的责任；二是环境危机，环境的日益恶化已成为当今世界威胁人类生存最大的敌人之一，地球是最大的生态系统，因为环境恶化，地球已经受到严重伤害，如水污染、空气污染、土地沙漠化等，在"生态系统"这一节教材中可以挖掘很多这方面的素材，培养学生的环保意识，让学生产生保护地球、保护家园的社会责任感；三是生物疾病危机，生物教材中会涉及一些常见的细菌病毒，教师可引导学生思考生活中的一些疾病产生的原因，以及怎样预防和治疗，从而增强学生的防范意识，用生物学的理论去揭穿伪科学等。

（二）教学目标要直指学生的生物学核心素养

21世纪的培养目标应指向21世纪的"核心素养"，即自主学习能力、创新能力、合作交流等关键能力的培养，教学目标应从过去的重视培养"考试技能"转移到重视培养"核心素养"，这样才能适应21世纪的社会生活。在深度学习的高中生物课堂教学中，教学目标应注重培养学生"树立生命观念、培养科学思维、勇于科学探究和明确社会责任"的生物学核心素养，使学生在理解和掌握高中生物核心知识的同时，又能够养成正确的情感、态度与价值观。

（三）教学活动要促进学生核心素养的发展

有效的教学活动设计是上好一节课的关键。一个好的教学活动的设计不仅可以引起学生的学习兴趣，而且学生在参与活动的过程中其发现问题的能力、探究能力、通过思考解决问题的能力都会得到锻炼与提高，教师设计的教学活动要紧扣发展学生核心素养进行。

首先，教学活动的设计要对应教学目标，这是教学活动设计的前提。每节课都要有明确的教学目标，而教学目标是通过相应的教学活动来达成的，脱离教学目标的教学活动设计是无意义的。其次，教学活动的设计要生活化。例如，在导入环节，教师可以利用具体的情境引入，让学生学会在具体情境中，利用自身的生活经验去解决实际问题，并掌握解决类似问题的方法和手段。再次，教学活动的设计要吸引学生合作探究。深度学习的高中生物的教学旨在培养学生的生物学核心素养，教师设计教学活动吸引学生合作探究，在此过程中，学生不仅掌握了知识与技能，还发展了科学思维，调动了学习的积极性，培养了社会责任感等。最后，设计合理的教学环节。基于核心素养的高中生物教学，一般环节主要包括情境导入、自主先学、提出问题、确定问题、合作探究、成果展示、总结归纳七个环节。根据课程性质的不同，教学环节可作出适当修改。而且，在一些教学环节中教师都应适当引导。基于核心素养的课堂教学对学生核心素养水平的提高效果明显，同时在教学过程中对教师的素养和能力要求极高。

（四）归纳总结检验核心素养教学目标的达成

课堂归纳总结是教学的一个关键环节。传统课堂上，教师会习惯性地对这节课所学的知识进行梳理总结；但基于核心素养的课堂总结，不仅是教师对本节课学习的内容进行总结，还是教师与学生共同对课堂用到的知识与技能、过程与方法、情感态度与价值观进行的总结，是教师对学生进行品德教育及培养学生社会责任最重要的一个环节。

课堂归纳总结要注意以下三点：一是帮助学生进行归纳总结。教师要科学设计教学活动，合理规划教学环节，让学生的思维进入一个环环相扣的状态，这样学生会乐于总结归纳学习的内容。二是总结要围绕教学目标进行。总结并不是漫无目的的，首先总结要体现知识与技能的要求，可以引导学生自己总结归纳，教师进行适当点评以了解学生知识与技能水平；其次，总结要体现过程与方法目标的实现，生物教学过程中常常会出现探究实验，教师要体现对实验设计方法及科学思维等的总结；最后，总结要注重学生的情感态度与价值观。三是总结要有意引出新问题。教师要引导学生提出承上启下的新问题，激发学生的求知欲望，为下节课做铺垫。

第二节　核心素养下深度学习的高中生物教学理论基础

一、布鲁纳认知结构学习理论

美国著名教育心理学家杰罗姆·布鲁纳提出认知结构理论，主要表述为以下两方面：第一，布鲁纳认为学习不是被动接受知识的活动，学习是个体在原有认知结构的基础上，主动构建新认知结构的过程。因此，学生获得新信息时要在头脑中与原有信息建立联系，进而转化为新的信息形式。第二，布鲁纳主张教学的最终目标是促进学科的基本结构转变为学生头脑中的认知结构，实现这一目标最好的方法是发现学习，即在教学过程中教师为学生提供相关的学习材料，引导学生主动思考和探究，使学生自行发现知识、理解概念的教学方法。培养学生的学科核心素养，不仅要使学生掌握学科的基本知识，同时也要引导学生形成学科的基本技能，树立对情感、态度与价值观的认知，促进学生掌握学科的基本结构并发展认知结构，实现学习迁移，进而提高学生的主动性和创造力。

二、人本主义学习理论

人本主义学习理论的代表人物卡尔·罗杰斯提出的有意义的自由学习观，其内涵是学习是学生融合了各种经验并全身心投入、自主自觉的过程。通过学习，学生不仅能够积累知识，同时能使其行为、态度和个性发生变化，实现人格教育和价值观的确立。因此，人本主义教学观强调学生是完整的人，以学生为中心的教育教学活动应激发学生学习的积极性与主动性，挖掘学生的潜能，促进学生的个性发展，培养学生成为具有高度适应性和内在自由性的人。在教学过程中，教师要为学生的学习提供良好条件与氛围，承担起"助产士"和"催化剂"的角色，促进学生自由的成长。由人本主义理论得到的教育启示是：教师在开展教学活动时，为学生创造一个良好的教学情境十分重要，鼓励学生自主探索问题并自由发表见解，对学生作出的计划和抉择提供帮助，促进对学生知识的整合。

三、建构主义学习理论

建构主义学习理论是指导教育教学活动的重要理论，其所蕴含的主要思想体现在教学观与教学模式上。建构主义强调学习的主动构建性，学习者根据已有的经验背景，对外部信息进行选择、加工和处理，主动地构建知识的意义。因此，建构主义十分重视学习者本身已有的知识经验，将其作为新知识的生长点，教师要引导学生从原有的知识经验中"生长"出新的知识，为学生提供"梯子"，尊重学生的主体地位，帮助学生逐渐深入理解知识，形成分析问题的思路。教师应是整个教学过程的组织者、指导者和协调者，是学生主动建构的引导者、合作者和帮助者，学生是教学活动积极的参与者和建构者。

四、STSE 教育理论

STSE 各字母的含义分别是科学（Science）、技术（Technology）、社会（Society）与环境（Environment），STSE 教育理论是由 STS 教育和环境教育共同构成的，将科技发展、社会生活、生活环境与教育相融合，是指导和实施科学教育的新理念。依据 STSE 教育理论开展科学课程，以培养学生理解科学技术的进步，关心社会的发展，在实际问题情境中应用学科知识解决，鼓励学生对影响社会与环境的重要议题作出评价和决策，形成正确的价值观和行为准则，具备良好的科学素养。生物学科是一门与实际生活联系密切的自然学科，在生物学科的教学活动中渗透 STSE 教育理念，让学生在学习生物学知识的同时了解社会发展与环境问题，培养学生解决实际问题的能力与科学素养，增强学生的社会责任感。

五、课程改革理论

我国基础教育改革的核心内容是课程改革，依据新课程改革理论指导普通高中课程改革实践，全面推进素质教育，培养学生健全的个性和完整的人格，成为顺应时代发展和终身发展的现代公民。新课程改革理论涵盖了课程功能、课程结构、学习方式及评价制度等方面。从课程功能上来说，强调关注学生"全人"的发展，培养学生实践能力、终身学习的能力、创新精神及社会责任感，具体落实到培养学科核心素养的课程目标上。新课程改革在课程结构上倡导学生在掌握学科知识的基础上，关注社会发展和科技进步，能够积极开展探究活动并参与社会生活，实现各项素养均衡发展。同时，新课程改革以课程结构促进学生学习方式的转变，培养学生主动学习，解决问题的能力，以及增强学生的社会责任意识。以"立足课程、促进发展"为评价理念，发挥评价促进学生发展、教师提高和改进教学实践的功能，评价目标多元，评价方法多样，重视学生全面发展。

六、终身教育理论

终身教育理论最早由法国教育家保罗·朗格朗提出，他认为，"终身教育的核心是人的一生要持续不断地接受教育和训练，这种自我完善和提升要贯穿从出生到死亡的全过程。"终身性、全民性、广泛性、灵活性和实用性是终身教育最基本的特点，终身教育的最终目的是让人不断地完善自我，提升自身的物质和精神追求。因此，在深度学习的高中生物学习中培养学生的生物学学科核心素养，就要引导学生树立终身学习的观念，让学生具有终身学习的意识；同时，"家校携手"为学生营造良好的学习环境，促进学生养成良好的终身学习习惯。此外，教师应当为学生树立终身学习的榜样，关爱学生、呵护学生，让学生真正学会学习、乐于学习，成为快乐的终身学习者。

七、认知学习理论

认知学习理论认为，学习不是在外部环境的支配下被动地形成刺激——反应，而是主动地在头脑内部构造认知结构；学习不是通过练习与强化形成的反应习惯，而是通过顿悟与理解获得期待。尤其是学习主体当前的学习依赖他原有的认知结构和当前的刺激情境，学习受主体的预期所引导，而不受习惯支配。著名的认知教育心理学家布鲁纳主张学习的目的在于以发现学习的方式，使学科的基本结构转变为学生头脑中的认知结构。他认为，"认知结构就是人关于现实世界、内在的编码系统，是一系列相互关联的、非具体性的类目""学习的实质是主动地形成认知结构，认知结构可以给经验中的规律性以意义和组织"。这就要求教师在教学中应着重培养学生问题解决的能力，以保障学生不断地思考，对各种信息和概念进行加工转换，对新、旧知识进行综合和概括，形成新的假设和结论，不断发现和完善自己的认知结构。布鲁纳认为，"学习一门学科的最终目的是使学生建构良好的认知结构"。因此，教师首先应了解学生所要建构的认知结构的组成要素，并在此基础上采取有效的措施帮助并引导学生建立各组成要素的图解，使学科的知识真正转化为学生的认知结构。由于布鲁纳强调学习的主动性和认知结构的重要性，所以他主张教学的最终目标是促进学生对学科知识结构的一般理解。这里所指的学科基本结构，包括学科基本概念、基本原理、基本态度与方法。学生只有学会用联系的观点看待知识，才能真正地理解它、把握它。

八、情境认知理论

乔纳森认为，"理解学习需要考虑学习产生的文化背景，即学习的产生需要情境，只有置于特定情境中学习才有意义"。可见，只有在真实的学习情境中学习获得的知识才有生命力，不会变成抽象的、缺乏迁移能力的、毫无活性的惰性知识。

情境认知理论认为，学习是由情境、文化和活动共同作用而产生的。该理论认为学习特征表现在以下六个方面：

第一，学习产生于情境。情境性是认知学习论的核心，学生的学习活动只有发生在情境中，才是有效的。有效的情境可以帮助学生更好地建构知识体系。

第二，情境具有真实性。真实的情境包含两个方面：一方面指情境源于生活，另一方面指专业人员或专家从事活动的真实过程。

第三，在实践中学习。学习者在情境中不能只学习经验，应该在情境中实践，在实践中发现问题、探究问题、解决问题。

第四，情境引发探究热情。学习者能在情境中更清楚地理解问题，有探究问题的热情，能选择更好的解决问题的方法，而不盲从。

第五，学习者主动学习。情境激发学习者主动学习，为学习提供丰富的资源，学习者能体会到学习与生活之间的关联，在问题解决中获得成就感。

第六，学习过程深度化。情境具有复杂性，复杂的任务需要学习者之间共同探究、共同合作完成任务，这是一种深度学习。

第三节　生物学学科核心素养与高中生物教学

一、生物学学科核心素养的内容

生物学学科核心素养是学生在生物学课程学习过程中逐渐发展起来的，在解决真实情景中的实际问题时所表现出来的必备品格和关键能力。生物学学科核心素养包括生命观念、科学思维、科学探究和社会责任四个方面。

（一）生命观念

生命观念是指对观察到的生命现象及相互关系或特性进行解释后的抽象，是人们经过实证后的观点，是能够理解或解释生物学相关事件和现象的意识、观念和思想方法。有研究学者指出"以生命系统的特点提炼出的生命观念主要包括生命的物质观，结构与功能观，物质、能量和信息观，稳态与调节观，适应与进化观，生态观"。这将新课标中的结构与功能观、进化与适应观、稳态平衡观、物质能量观进行了进一步细化和阐述。在深度学习的高中生物课程中，大量生物学知识都体现了生命观念，所以学生在理解生物学概念的基础上形成了生命观念。

在生命系统中，物质是本源，能量是运动的存在，信息是联系纽带，任何一个生命系统都是物质、能量和信息的统一体，物质与能量相互依存、相互制约。太阳能为一切生命系统提供最终的能量。在光合作用过程中，无机物不断转化为有机物；储存在有机物中的化学能由光能转化而来；同时，光作为一种信息分子，在光合作用过程中进行跃迁和转移。除光合作用外，细胞呼吸过程同样存在物质交换、能量转移和信息传递，这些生命活动都受到遗传信息的调控和生理信息的指导。物质、能量和信息是个体生存的基础，同时也是生态系统维持平衡的基石。在一个生态系统中，能量依托于物质沿着食物链和食物网流动，物质在无机环境和生物群落之间循环。种内、种间的交流，物种与无机环境之间的交流都离不开信息的传递，自然界中普遍存在的花开花落、鸟类迁徙等都是信息调节的产物。总之，生命的存在过程就是物质代谢、能量转化和信息调控的对立统一的过程，在这个过程中，生命系统不断与环境进行物质、能量与信息的交换，以维持其自身的生存与发展。生命系统是相对稳态的，而稳态是通过调节来实现的，因此稳态与调节观是生命观念的一个重要组成部分。生命科学随着现代技术的进步不断向前发展。现代生命科学已经从分子、细胞、器官、个体、生态系统等各个层次上阐明了生命活动中普遍存在的稳定动态。稳态是生命系统最基础的特征之一，调节是实现稳态的必要手段。

"物竞天择，适者生存"，达尔文的进化论以简洁凝练的语言概括了生命系统中普遍存在的进化与适应观。适应的结果是系统的正常运行，在适应时会随环境改变而不断发生变化，种群中的这种变化逐渐积累并向一定的方向发展就是进化。进化的最终结果是形成新的物种，同时也是新的适应的开始。现代生物进化理论从遗传与变异的角度对自然选择学说进行了进一步阐述和论证。自然选择后生物的表型是由基因控制的，基因在传递过程中可能会发生突变和基因重组，这就为自然选择提供了原材料，而由于选择过程十分漫长且方向一致，变异的表型得以保留并最终在遗传上形成生殖隔离，新物种的形成就是进化的阶段性体现。生物的进化包括种间的协同进化，也包括生物与无机环境之间的相互影响，适应与进化是一个不断发展的漫长过程。

从生命系统与无机环境之间的关系来看，生态观是生命观念的重要有机组成部分。

生物依赖环境而存在，是环境的主体；生物与生物之间存在诸如捕食、竞争、寄生、共生等复杂的关系，生物在生态系统中扮演生产者、消费者、分解者等不同角色，它们都是生物多样性的重要组成部分；生态系统具有自我调节能力，以及自身的运行规律，即生态系统的抵抗力稳定性和恢复力稳定性。

从生态学的角度看，人类只是地球生态系统中的一个组成成员，其他物种与人类之间是平等的，人类只有正确认识自身在自然中的地位，尊重自然，保护自然，才能够与自然和谐相处，最终达到可持续发展。

（二）科学思维

科学思维是指尊重事实和证据，崇尚严谨和务实的求知态度，运用科学的思维方法认识事物、解决实际问题的思维习惯和能力。学生应该在学习过程中逐步发展科学思维，如能够基于生物学事实和证据运用归纳和概括、演绎与推理、模型与建模、批判性思维等方法，探讨、阐释生命现象及规律，审视或论证生物学社会议题。

在高中生物课程中，学生可以在学习生物学知识的基础上发展科学思维。学生需要通过对细胞中各类元素和化合物形成的学习，归纳和概括细胞中普遍存在的各类元素、化合物，以及它们的意义和重要作用。在了解细胞基本结构后，要从中归纳出细胞的重要结构，并概括出它们在生命活动中承担的特殊作用。以生命活动过程中的物质变化和能量流动为基础，归纳和概括出生物界最基本的两大生命活动——细胞呼吸和光合作用，并了解它们对生命活动的重要意义。

演绎与推理这部分内容涉及多种科学研究方法的应用，因此学生在学习这部分内容时，科学思维的培养尤为重要。例如，在"遗传因子的发现"这一章的学习中，学生从孟德尔的植物杂交实验开始，循着科学家的足迹，探索遗传的奥秘。在学习知识的同时，要让学生感受科学家的思维，理解"假说演绎法"，并能够在之后的科学研究中尝试使用，以解决具体的科学问题。"假说演绎法"是指在观察和分析基础上提出问题以后，通过推理和想象提出解释问题的假说，根据假说进行演绎推理，再通过实验检验演绎推理的结果。除了孟德尔对遗传因子的研究采用了"假说演绎法"外，摩尔根对基因与染色体的关系探究历程，DNA 复制方式的提出与证实，以及整个中心法则的提出与证实，都是"假说演绎法"的案例。除了"假说演绎法"外，类比推理法也是深度学习的高中生物科学研究中常用的方法。

模型与建模也是深度学习的高中生物科学研究中常用的一种方法。模型是人们为了某种特定目的而对认识对象所做的一种简化的概括性的描述。物理模型是最常见的一种模型构建形式，有利于学生的理解和认知。物理模型是指以实物或图画形式直观地表达认识对象的特征。例如，在系统地学习细胞的基本结构之后，学生要能够利用橡皮泥、纸片、泡沫塑料、木块、塑料袋等实物构建细胞模型；1972 年，桑格和尼克森提出的生物膜的流动镶嵌模型，沃森和克里克在研究 DNA 分子时制作的 DNA 双螺旋结构模型等都是典型的物理模型。除了物理模型外，在高中生物课程学习中学生还需要主动构建一些数学模型以解释和归纳生物学规律。数学模型是用来描述一个系统或它的性质的一种数学形式。建立数学模型，一般包括观察研究对象、提出问题、提出合理建议、根据实验数据用适当的数学形式对事物的性质进行表述，以及通过进一步实验或观察对模型进行检验或修正等几个步骤。在高中生物课程中，另一类比较常见的模型是概念模型，是指以文字表述来抽象概括出事物本质特征的模型。模型方法作为现代科学方法的核心内容之一，在生物学上有非常广泛的应用。

批判性思维是科学思维中的一个重要组成部分。批判性思维就是通过一定的标准评价思维进而改善思维，是合理的、反思性的思维；既是思维技能，也是思维倾向。在深度学习的高中生物教学中，培养学生的批判性思维是高中生物课程学习的重要内容。对生物学中某些不确定的科学观点，学生要敢于质疑，敢于思考，在表达时注重阐述的严谨性；对生物学科学实验的开展，学生要能够从生物学现象中发现问题并尝试解决，实验结果若与标准对照出现出入，要积极查找原因并进行实验改进；对生物科学的发展历程探索，要勇于想象并大胆推测，为现代生物科学的未来发展积极努力。这些都是深度学习的高中生物教学中批判性思维的体现，对学生未来的成长和发展也有深刻的影响。学生通过提高自身的批判性思维，能够加强对身边事物的认知，能够运用科学的思维方式和有效的方法解决生活中遇到的问题，更好地享受生活，开创美好未来。

（三）科学探究

科学探究是指发现现实世界中的生物学问题，针对特定的生物学现象，进行观察、提问、实验设计、方案实施，以及结果的交流与讨论。在探究中，学生乐于并善于团队合作，勇于创新。科学探究是生物学学科核心素养的重要组成之一，也是学生在高中生物学习中需要获得的基本技能和素养。深度学习的高中生物中的科学探究主要指生物学实验探究。通过开展高中生物实验，学生能够在实验中不断提高自身的科学探究能力。在日常生活和学习中，学生能够主动对生物学现象进行观察，针对现象提出值得研究的科学性问题，根据自身的认知和推断作出合理的假设，通过已学知识及研究经验进行实验设计，积极开展实验探究，分析研究结果得出实验结论，与他人交流讨论进行深入探索，最后真正解决实际生活中的问题。

科学探究能够有效帮助学生理解科学概念。参与科学探究的过程可以让学生认同多种生物学研究方法，进一步帮助学生构建生物学知识，在这个过程中也促进学生对科学探究的理解。科学探究渗透了生命科学工作范式和工程学设计的习惯，学生通过掌握科学探究，能够更深入地理解科学知识，对科学、技术、工程学和数学事业有积极的认知和参与。同时，科学探究有助于学生理解科学本质，让学生成为独立的思考者和学习者。科学探究是生物学课程中具有标志性的主动学习方式，在科学探究中，生物教师要帮助学生成为真正懂得思考的人，并能自主地为自己的问题寻求答案。科学探究策略让学生参与到对真实现象的真实研究中，并在获取新知识的过程中发展智力技能。

（四）社会责任

社会责任是指基于生物学的认识，参与个人与社会事务的讨论，作出理性解释和判断，尝试解决生产生活的担当和能力。学生应以造福人类的态度和价值观，积极运用生物学的认识、理解和思想方法，关注社会议题，参与讨论，并作出理性解释；辨别迷信和伪科学，形成生态意识，参与环境保护实践；主动向他人宣传健康生活和关爱生命等相关知识；结合本地资源开展科学实践，尝试解决现实生活问题。

对于学生来说，不仅要关心如何应用生物学的知识和技能，还要考虑所做的研究对他人和社会将产生怎样的影响和价值；在思考和探索其研究领域所固有的价值和追求的同时，也要考虑这些价值、追求是否与社会普遍的价值观相一致，努力利用专业技能帮助解决全球问题。社会责任既是高中生的一种态度和意愿，又是依赖学习过程所获得的综合能力。在深度学习的高中生物课堂中，有诸多内容和教学环节适合融入社会责任的教育。在生物学相关知识技能教学中，将"社会性科学议题"引入课堂是国内外常用的策略之一。生物学涉及诸多当今的社会问题，如克隆、试管婴儿、滥用抗生素、转基因技术、干细胞等，教师可以将生物学知识与这些社会问题相关联，引导学生围绕这些话题展开讨论和分析，为学生提供应用知识的机会，鼓励学生关注生物学与社会之间的相互作用，同时尝试说明如何运用生物学的成果承担社会责任。

二、生物学学科核心素养对深度学习的高中生物教学的意义

深度学习的高中生物课程设计的首要基本理念，即以核心素养为宗旨，着眼于学生适应未来社会发展和个人生活的需要，从生命观念、科学思维、科学探究和社会责任等方面发展学生的学科核心素养；充分体现了本课程的学科特点和育人价值，是本课程的设计宗旨和实施中的基本要求。教师深入了解生物学学科核心素养的各个部分有利于更好地开展课堂教学和教育研究；同时，明确学生发展的各项要求能够保证教师有针对性地开展各项教学活动，致力于提高学生各方面的能力。了解学生的学科核心素养发展现状，对教师的日常教学工作的开展也有重要意义；教师在对学生的发展现状进行评估后能够因材施教，针对不同学生的基本情况进行教学，以促进全体学生的共同发展。作为学生，在了解自身的生物学学科核心素养的情况后，能够对自己的科学素养有初步的了解，这有利于学生在日后的学习中能够有针对性地开展自我学习和自我探究活动，并依据相应的标准提升自己各方面的素养，最终获得全面发展。

（一）明确学科核心素养与学业质量标准之间的关系

基于核心素养的教学评价，难点在于如何让核心素养可测可评。要想解决这个问题，必须明确学科核心素养及学业质量标准二者之间的关系。学科核心素养制定是以学业质量标准为依据，个体成长所需的必备品格和核心能力在学科层面的表现，则通过学科核心素养能力来体现。学业质量标准能否成为可操作的、衡量学生学习水平的依据和抓手，关键要看学业质量标准与核心素养水平划分对接的相关性、匹配性和合理性。学科核心素养各水平划分要客观、准确地把学生对知识的掌握程度表达和区分出来，要真实反映学生生物学科核心素养水平，为发展学生学科核心素养这一课程的根本目的服务。因此，根据学科质量标准要求，科学合理地划分核心素养水平等级，是学科核心素养落实的基础。新课标依据学科质量标准的要求，在宏观层面将学科各核心素养等级划分为四个水平，以求客观准确地反映学生对生物学课程学习的深度和广度，以及学科核心素养能力发展的真实水平。但要使高中生物学科核心素养落实到教学中，关键还要看教师如何领会和理解学科核心素养与学业质量标准之间的关系。掌握核心素养的具体表现与学业质量标准要求的相关性，关系到学科核心素养是否能落实到每一章、每一单元、每一堂课中去。一线教师应认真研读新课标中学科发展核心素养的顶层设计（即总目标），理解什么是学科核心素养，理解和掌握学科核心素养水

平与质量标准的相关性，准确把握教学的深度和广度，使学科核心素养在教学中得到落实。

（二）明确学科核心素养与评价指标之间的关系

学科核心素养是基于核心素养的教学评价指标的重要来源，评价指标的确定可以从生命观念、科学思维、科学探究和社会责任四个方面入手。一是在生命观念上，评价指标的设计要针对学生的生命观念是否逐渐形成，能否运用已形成的生命观念解决实际生活中遇到的问题；二是在科学思维上，主要评价学生科学思维的发展，评价指标的设计要针对学生能否逐渐形成归纳与概括、演绎与推理、批判性思维与创造性思维等科学思维的习惯，学生能否通过自主学习与合作学习等途径，获得比较、分析、推理、总结归纳等能力的效果；三是在科学探究上，主要评价学生的科学探究能力，评价指标的设计要针对学生是否具备一定的观察能力、发现并提出问题的能力、设计探究实验验证并能对探究结果进行科学分析的能力等；四是在社会责任上，主要评价学生社会责任意识的发展，评价指标的设计要针对学生是否具有社会责任感，对国家大事是否关注，以及开展生物学社会实践活动的能力等。

（三）建构基于核心素养下的教学评价的方法

在传统的教学中往往以教师为中心，重视教师的教而忽视学生的学；教学内容上注重文化知识，忽视学生能力的培养；评价过程重视学习结果，忽略学习过程，对学生得到答案的途径及其思维的发展也不重视；评价标准比较单一，阻碍了学生个性的发展。传统的教学与评价存在的问题对学生核心素养的形成有一定的阻碍作用，限制了学生核心素养的形成。因此，必须转变教学与评价观念。核心素养要求教师在评价学生的时候，不能过于单一，也不能过于片面，而是要综合评价学生，做到多元化评价，并结合学生在课堂中的表现、知识掌握的情况、作业完成效率等对学生进行评价。

总之，生物学学科核心素养的提出对学生的终身成长、教师的教育教学及课程改革的发展都具有重要的指导意义。

第七章 深度学习的高中生物创新思维教学

第一节 深度学习的高中生物创新思维的培养

一、思维的概述

（一）思维的构成要素

1.思维主体

思维主体即思维着的个体或群体。思维主体自身的观念形态、知识结构以及情感、习惯等因素影响着思维方式的形成。在信息闭塞的时代，受当时科学技术发展水平的限制，就某项具体的思维活动而言，思维主体主要以个人为单位。个体思维者再也无法独立将庞大的信息量消化，这就迫使其在从事精神生产的过程中寻求协同合作，由个人的思维活动转化为集体的思维活动。

2.思维客体

思维客体是指主体的思维活动所能触及或指向的一切对象。当思维主体进行思维活动时，必然要以某种方式和客观对象即思维客体发生联系。在传统信息时代，思维活动的对象大多是局限的、表象的"数字"，现代的思维客体则更侧重隐藏在数字背后丰富、深刻的内涵，从而实现突破性的科学预测和科研活动。思维客体的这种复杂化、一体化的局面，迫使人们更新原有的思维方式，进行全方位、多角度的综合思维。

3.思维中介

思维中介，即思维主体反映思维客体的工具。人类思维活动的过程是一个信息加工的过程，思维中介则是信息加工的手段和方法。

（二）思维品质的成分及其相互关系

纵观国际上对智能促进与培养研究的理论与实践，不难看出提高能力水平的复杂性和艰巨性。到底如何发展人的智能，在整个国际上并没有统一的模式和途径，为我们对此问题的研究提供了广阔的空间。

1.从思维品质入手培养智能

在对思维训练的做法上，主要抓住三个可操作点：其一，从思维的特点来说，概括是思维训练的基础；其二，从思维的层次来说，培养思维品质或智力品质是发展智力的突破口；其三，从思维的发展来说，培养思维品质的最终目的是发展学生的逻辑思维能力。

思维品质或思维的智力品质是智力活动中，特别是思维活动中智力特点在个体身上的表现，其实质是人思维的个性特征。它体现了每个个体在思维水平、智力与能力的差异，它是区分一个人思维乃至智力层次、水平高低的指标。事实上，我们的教育教学目的是提高每个个体的学习质量。因此，在智力与能力的培养上，往往要抓住学生的思维品质这个突破口，做到因材施教。

2.思维品质的构成

思维品质的成分及其表现形式很多，我们认为，主要包括深刻性、灵活性、独创性、批判性和敏捷性五个方面。

深刻性是指思维活动的广度、深度和难度。它表现为智力活动中能够深入思考问题，善于概括归类，逻辑抽象性强，善于透过现象抓住事物的本质和规律，开展系统的理解活动，善于预见事物的发展进程。超常智力的人抽象概括能力高，普通智力的人往往只是停留在直观水平上。因此，研究思维深刻性的指标集中在概括能力和逻辑推理能力两个方面。

灵活性是指思维活动的灵活程度。它有五个特点：一是思维起点灵活，二是思维过程灵活，三是概括—迁移能力强，四是善于组合分析，五是思维结果往往合理而灵活。它集中表现在一题多解的变通，新颖不俗的独特性，这是灵活性的两个方面。灵活性强的人，不仅智力方向灵活，并且善于举一反三。

思维活动的独创性。创造性思维和创造力可以看成同义语，只不过是从不同角度分析罢了。从思维品质角度上看，独创性是指个体思维活动的创新精神或创造性特征。在实践中，除了要善于发现问题、思考问题外，更重要的是要创造性地解决问题。独创性或创造性的实质在于主体对知识经验或思维材料高度概括后集中而系统地迁移，进行新颖的组合分析，找出新的层次和交结点。人类和科学的发展都离不开思维的智力品质的独创性。

批判性是思维活动中独立分析和批判的程度，是思维活动中善于严格估计思维材料和精细地检查思维过程的智力品质，它的实质是思维过程中自我意识作用的结果。心理学中的"反思""自我监控""元认知"和思维的批判性是交融互补、交叉重叠的关系。有了批判性，人类能够对思维本身加以自我认识，也就是人们不仅能够认识客体、设计未来，而且也能够认识主体、监控自我，并在改造客观世界的过程中改造主观世界。

敏捷性是指思维活动的速度呈现为一种正确而迅捷的特征，它反映了智力的敏锐程度。智力超常的人，在思考问题时敏捷，反应速度快；智力低常的人，往往迟钝，反应缓慢；智力正常的人则处于一般的速度。

思维品质的五个方面，判断了智力与能力的层次。在一定意义上说，思维品质是智力与能力的表现形式，智力与能力的层次，离不开思维品质，这集中地表现在上述的深刻性、灵活性、独创性、批判性和敏捷性等几个方面。确定一个人智力与能力是正常、超常或低常的主要指标正是表现在思维品质的这些方面。

3.思维品质的内在关系

思维品质的深刻性、灵活性、独创性、批判性和敏捷性，是完整思维品质的组成因素，它们之间是相互联系、密不可分的。

智力的深刻性是一切思维品质的基础。思维的灵活性和独创性是在深刻性基础上引申出来的两个品质：灵活性和独创性是交叉的关系，两者互为条件，不过前者更具有广度和顺应性，后者则更具有深度和新颖的生产性，从而获得了创造力；前者是后者的基础，后者是前者的发展。思维的批判性是在深刻性基础上发展起来的品质，只有深刻地认识、周密地思考，才能全面准确地作出判断。同时，只有不断地自我批判、调节思维，才能使主体更深刻地揭示事物的本质和规律。思维的敏捷性是以思维的四个其他智力品质为必要前提的，同时它又是其他四个品质的具体表现。

（三）思维的三棱结构

人类个体之间智力差异的根本原因在于其思维结构的差异。因此，只要解决了人类思维结构的问题，人类智力的种种问题即可迎刃而解。那么，思维是一种什么样的结构呢？我国心理学界将其称为"三棱结构"。下面简述这个结构的六种因素：

1.思维的目的

思维的目的就是思维活动的方向和预期的结果,即实现这样的思维功能,它的发展变化或完善表现在定向、适应、决策、图式、预见五个指标上,因为人类智力活动的根本目的是适应和认识环境。问题的提出和解决是最主要的高级智力活动之一,这就体现出目的性,而这种目的性是建立在主体的思维结构基础上的,其中图式与策略尤其显著,它们的不断发展与完善对保证思维活动的方向性、针对性和目标专门化有重要意义。

2.思维的过程

传统心理学认为思维过程是分析和综合活动以及其变态的抽象、概括、归类、比较、系统化和具体化的过程。认知心理学强调认知是为了一定的目的,在一定心理结构中进行信息加工的过程,而信息加工过程又包括串行加工过程、平行加工过程和混合加工过程。所以思维活动的框架为:确定目标—接收信息—加工编码—概括抽象—操作运用—获得成功。

3.思维的材料

如果说,思维的基本过程是信息加工的过程,那么思维的材料(内容)就是信息,即外部事物或外部事物属性的内部表征。外部信息的内在表征有多种类型或形式,但归根结底可以分为两类:一是感性的材料,包括感觉、知觉、表象;二是理性的材料,主要指概念,即用语言对数和形等各种状态、各种组合、各种特征的概括。

展示智力内容的发展变化或完善的具体指标有三个:一是感性认识(认知)材料的全面性和选择性;二是理性认识(认知)材料的深刻性和概括性;三是感性材料向理性材料转化的灵活性和准确性。

4.思维的品质

前边已经论述过思维的品质,我们不仅把它视为人思维的个性特征,而且看作思维结果的评价依据。如上所述思维品质的成分及其表现形式很多,但主要应包括深刻性、灵活性、独创性、批判性和敏捷性五个方面。

5.思维的自我监控

思维的自我监控,又叫反思,它是自我意识在思维中的表现。研究学者提出的元认知在一定意义上说的就是思维的自我监控,它在思维的个体差异上表现为思维的批判性。它的发展变化或完善的指标有计划、检验、调节、管理和评价五个方面。

6.思维的非认知因素

思维的非认知因素或非智力因素是指不直接参与认知过程，但对认知过程起直接作用的心理因素。思维的非认知因素或非智力因素，又可叫智力中的非认知或非智力因素，它主要包括：动机、兴趣、情绪、情感、意志、气质和性格等。非认知因素的性质往往取决于思维材料或结果与个体思维之间的关系，它在智力发展中起动力、定型和补偿三个作用。

我们用思维的三棱结构，展示了思维乃至智力结构的多元性，说明了智力主要是人们在特定的物质环境和社会历史文化环境中，在自我监控的控制和指导下，在非认知因素的作用下，为了达到某种目的，识别问题、分析问题和解决问题所需要的思维能力。由此可见，支撑思维心理学研究的理论基础是思维结构观。

二、思维的心理学理论

思维是智力与能力的核心，作为个性心理特征的智力与能力是分层的。智力与能力的超常、正常和低常的层次，主要体现在思维水平上。如何确定一个人智力的正常与否呢？这主要由智力品质来确定。智力品质是智力活动中，特别是思维活动中智力与能力在个体身上的表现，因此它又叫思维的智力品质或思维品质。

（一）心理学界关于智能促进或培养的研究

智力与能力是可以促进或培养的，这种促进或培养的研究，在心理学界叫作"干预研究"。在国际心理学界，对智能的促进与培养的研究理论和实践大致可归纳为两个方面：

1.智能的个体差异

智能的个体差异可分为四种：

一是智能发展水平的差异，表现为两头小、中间大的趋势，即正常智能者为大多数，超常的和低常的智能者为少数。测查智能发展水平的最常用方法是"智商"。

二是认知风格的差异，即个体在对信息和经验进行加工的过程中表现出来的个体差异，它是一个人在感知、记忆和思维过程中经常采用并受到偏爱的和习惯化的态度和风格。在众多的认知风格中，美国心理学家威特金提出的场独立性和场依存性认知风格，是近年来研究较多的一个。从认知风格在思维品质诸方面的表现上来说，思维品质不仅是一种思维品质的特征，而且也是一种认知风格。

三是学科能力构成上的差异，涉及学科能力本身组成的特殊因素，个体内在生理（神经）类型与学科能力的交叉，个体的学科兴趣。

四是表现领域的差异，也就是说智能的差异表现在：第一是学习与非学习领域，即学习上的差异；第二是表现在表演与非表演领域，即在音、体、美等表演领域的差异；第三是表现在学术与非学术领域，即在作学问和管理、行政、服务、军事、宣传、商业等非学问表现出的不同能力。

2.从智能本身入手促进与培养智能

从智能本身入手促进与培养人的智能，是心理学界与教育界干预实验中最普遍的研究。换句话说，国内外的智能促进与培养研究，大多数是从智能本身入手的。且不说传统的研究，近20年影响较大的"多元智能"和"成功智能"的培养就是典型。

霍华德·加德纳认为人与人在智力方面有明显的差异，于是他提出创办以个人为中心的学校，每人从多元智能中发展某一方面的智力。加德纳的多元智能观提出了因材施教的教育目的，并进行有关的教与学的实验尝试，在促进不同学生掌握不同智力上取得了成效。

罗伯特·斯滕伯格长期从事智能的理论与实践研究，提出了成功智能的理论，让人认识到，人生的成功，主要不是靠智商，而是取决于成功智力。根据成功智能理论，学生的多种能力在教育机构中没有得到充分地利用和发挥，因为教学一向重视分析和记忆能力，而忽视创造能力和实践能力。斯滕伯格等人发现，教学处理与自身能力相匹配学生的成绩显著优于不相匹配学生的成绩。他们还发现，同时考虑分析能力、创造能力和实践能力等三个因素时，能够改进对课程成绩的预测。斯滕伯格还进行了思维教学的实验，在思维教学中，强调创新思维能力、分析思维能力和实践思维能力，通过教学实践培养这三种思维能力，以促进智力的发展。

（二）斯滕伯格的三元智力理论

认知心理学对斯滕伯格的智力研究有着深刻影响。斯滕伯格20世纪70年代在耶鲁大学和斯坦福大学所接受的专业训练，是以认知心理学为主体的，其博士论文正是站在信息加工的立场，以"认知成分"为研究范式，利用计算机技术来分析智力过程中涉及的加工成分。智力的三元理论以一种全新的、更开阔的视野来阐释人类智力，它由三个亚理论组成：情境亚理论、经验亚理论、成分亚理论。

1.情境亚理论

情境亚理论阐述的是社会文化情境对智力行为的影响，旨在揭示智力与个体外部世界的关系。情境亚理论是针对传统智力理论（心理测量学的智力理论）只关注个体内部世界的智力，很少涉及智力发生的外部环境而提出的。

根据智力的情境观，斯滕伯格提出自己的智力定义："智力是指向有目的地适应、选择、塑造与人生活有关的现实世界环境的心理活动。"这个定义表明，智力不是一种随机的、没有目标的心理活动，而是在适应、塑造、选择这三种目标引导下进行的信息加工过程。

一般而言，适应、塑造、选择这三者之间是一种层级化的关系：个体总是努力去适应周围的环境。但是，如果适应的程度不能令人满意，个体就会力图塑造现有环境，以达到与环境的新的和谐。如果适应和塑造环境的努力均以失败告终，那么个体则会考虑选择另外的环境以谋求新的适应。

智力的情境观使智力带有相当的不确定性，对于不同情境而言，智力本质上是独特的，因为不同情境对个体适应、塑造和选择的要求不同。但是，情境亚理论并没有揭示智力的具体内涵，在这个亚理论中，我们无法获知究竟什么样的行为才称得上是聪明的。

2.经验亚理论

斯滕伯格认为，以往的智力研究中存在一个问题，就是他们在选择智力测量的任务时都有很大的随意性，任务选择不是建立在理论基础之上，而是根据前人或自己的经验来进行的。不同性质的任务对智力测量其实有着不同的功效，这一点往往被研究者所忽略。

斯滕伯格的经验亚理论试图阐明与智力表现和评估有关的经验范围，提出"测量智力的任务在一定程度上是以下一种或两种能力的函数，即处理新任务和新情境要求的能力和信息加工过程自动化的能力"。在斯滕伯格看来，当任务处于相对新异性或加工自动化水平时，最适宜进行智力测量。

斯滕伯格的经验亚理论所揭示的是个体经验与智力表现之间的关系，它是我们选择什么样的任务或情境来测量智力的理论基础，这一理论有助于改变过去仅仅根据日常经验来选择智力任务的不足，同时经验亚理论又是联系智力内部世界与外部世界的中介。

3.成分亚理论

成分亚理论与个体的内部世界相联系，它抛开智力行为的具体内容，考察智力行为究竟是如何产生的，是对智力活动潜在心理机制的描述。

它从信息加工心理学的立场出发，通过计算机技术和心理统计分析手段，刻画了信息加工过程中的各种智力成分。

由此，三元智力理论将智力的内部世界、外部世界以及经验世界结合起来，多角度、多侧面地描述人类智力的本质，能够较为公正客观地解释个体之间的智力差异，回答在不同情况下"谁更为聪明"的问题。

（三）思维的衡量方式之一——智力测验

在智力测验的内容方面，许多研究者批评传统的智力测验仅仅着眼于学业，视野过于狭窄。传统智力测验测量的实质是与学业有关的智力，其内部效度就是力求与学校教育的内容、方式一致，而外部效度则追求预测学业成功，表现出明显的学业取向，智力的内涵被局限于一个比较狭隘的范围内，应当与现实相联系的部分却被严重忽视。

鉴于传统智力测验在内容上的种种局限，一些研究者主张从更宽广的视角看待智力和智力测验，测量更广泛的内容。例如，斯滕伯格强调智力不仅仅与儿童、青少年的学业相联系，还关系到个体工作以及人生的成功，并由此提出了成功智力理论。成功智力包括三个方面，除了传统智力测验所测量的分析性智力，还包括创造性智力和实践性智力。

在智力测验的形式上，一些心理学家认为传统的智力测验是一种静态的、回顾性的智力测验，虽然能够测量儿童已有的能力以及所达到的水平，但是不能反映儿童学习新知识的能力，也就是学习的潜在能力，对智力发展的前瞻性和预期能力不足，而且结果常常会受到社会、经济、文化、教育等诸因素影响，因此往往会低估一些儿童的智力水平。

由于传统智力测验更多指向儿童的过去，那些已经发展形成的能力，不能很好地测量儿童现在和未来的智力发展。因此，一些研究者提出了动态测验的思想，即不仅测量个体已经发展的能力，也要测量正在发展的能力。动态测验由维果茨基最近发展区的思想发展而来。所谓最近发展区，代表的是个体实际发展水平和潜在发展水平之间的距离

动态测验常用的范式是将测验与干预结合起来，通常要求被试在测验中学习，其程序是：前测—教学—练习—后测，被试在两次测验之间的获益代表了其学习潜能。与传统智力测验相比，动态测验更多关注学习发展过程，关注主试与被试之间的互动，

关注在学习过程中由主试对被试的学习能力作出评价。已有研究表明，动态测验能够有效地反映被试已有能力和潜能之间的差异。

三、创新思维的本质与激发

创新是社会进步和历史发展的重要动力，是人类思维的本质特征之一。而在人类的创新实践中，创新思维具有基础性和先导性的作用，它在知识转化为力量、克服传统思维方式的缺陷等方面发挥着重要的作用。从一定意义上说，没有创新思维，就没有创新实践，也就没有创新成果。

（一）创新思维的概念

关于创新思维的含义，已有许多不同的认识和表述。心理学着重从创新思维活动的心理机制和心理标准等问题入手，来研究人的各种创新能力，分析创新思维过程和创造心理。科学方法论则从科学发现的角度对创新思维展开研究，以创新思维成果来追溯创新思维的过程。正是由于研究角度和方法的不同，形成了对创新思维各种各样不同的认识。例如，有的学者认为，创新思维是指以新颖、独特的方法解决问题的思维过程，通过这种思维不仅能揭露客观事物的本质及其内部联系，而且在此基础上产生新颖、独创、具有明显社会意义的思维成果。还有的学者认为，创新思维是指思维具有新颖性，能解决某一特定需要的思维过程。创新思维的功能：一是创新思维是人们自觉能动地综合运用开拓性成果的一种思维；二是创新思维即人的智力，它是思维能力、想象力和观察力的集中表现。

此外，还有对创新思维的广义和狭义认识，一般认为广义的创新思维即人们在提出问题和解决问题的过程中，一切对创新成果起作用的思维活动。而狭义的创新思维则是指人们在创新活动中直接形成创新成果的思维活动，诸如直觉、灵感、顿悟等非逻辑思维形式。

综合有关论述，我们可以给创新思维下一个较为完整的定义：创新思维是指思维主体在求新意识的引导和支配下，以社会实践和感性认识为基础，按照科学的思维方式，借助想象、联想、直觉和灵感等思维手段，使思维以渐进性或突变性的形式重新组合、升华，产生新的思路或领悟，从而形成有一定价值的新观点、新理论、新方法或新产品的思维过程。

（二）创新思维的特性

1.新颖独特性

创新思维的本义和主要目的都在于"创"，以其自身独有的性质和特点，表现出创新思维主体的与众不同之处。创新思维的独特性往往表现为与流行的或权威人物的思想观点相异，社会上流行的或权威人物的思想观点和见解，是社会人士或权威人物对其所处的特定条件下客观事物进行反映和概括后形成的，具有相对的稳定性。

然而，事物的发展，往往是通过不断地突破现有系统形态的相对稳定性，形成差异和变革而实现的。创新思维的独特性，正是客观事物这一发展规律的正确反映，它激励人们解放思想，开阔视野，不断地提出各种新观点、新见解和新思路，并以新的思维成果指导新的实践，从而有效推进人们所从事的事业乃至整个社会的发展。它往往是一种反常规的思维方式，善于转换视角去思考问题，善于同中求异，一旦成功，让人有"柳暗花明又一村"之感。

创新思维的新颖性主要表现为三个方面：其一，创新思维是建立在新的科学原理、技术基础之上的突破式思维方式；其二，创新思维是改变人们原先观察和思考问题的着眼点、视角、程序和方法等而形成的重置式思维方式；其三，创新思维是通过与相关领域的知识、技术、经验等相结合而形成的组合式思维方式。

2.开放灵活性

在知识经济时代，许多信息稍纵即逝。因此，思维主体必须灵活机动，确定新的对策和方案。之后，还要把新方案实施的情况、信息反馈回来，再进行分析、比较和调整。开放是灵活的基础和前提，有了心灵的开放才有思想的灵活性即变通性。创新思维的开放灵活性是指这种思维方式本身既具有较强的应变能力和适应性，又具有灵活改变定向的能力。实行创新思维的主体应能充分开放自我，善于自主联想和灵活应变，能够在广泛的范围内给已有的理论、知识和技术等要素建立新的联系。

3.流畅简洁性

流畅是指思维敏捷、反应迅速，对于特定的问题情景能敏锐快捷地将其与已有的知识结构建立新的联系，并能顺利地提出和论证解决问题的多种思路或应对方案。简洁性又称简便性，在创新思维活动过程中，尤其在创新思维的启动阶段所运用的各种思维方式和方法，都带有不同程度的简洁性的特点。

4.群体多样性

所谓群体性主要是指创新活动更多地体现为一种集体性的活动。特别是在知识经济时代，要使经济稳步增长，最关键的还是将知识创新成果迅速地转化为生产力，推动科研与生产的结合。单纯靠个人的智慧是难以完成的，创新是研究机构与企业之间形成的一种互助互动的关系，所以创新的主体应该是知识劳动力群体，创新思维是集体性智慧思维。

所谓多样性是指在创新思维过程中，其思维类型并不是单一的，而是抽象思维和灵感思维等多种思维类型的集结，亦即逻辑与非逻辑思维的交替，显思维与潜思维的连接，由此形成了思维类型的多样性。

5.程序阶段性

现代思维学的研究表明，创新思维活动并不是杂乱无章、混乱无序的。相反，创新思维活动是有序进行、有规律可循的，具有较明显的阶段性特征。

创新思维过程依次分为四个阶段：

第一是准备阶段。人们在进行创新思维前，除了要做一般性知识积累，还必须在某一确定的创新方向上对前人的成果加以研究，收集资料并分析、整理这些资料。其主要目的既在于从中获得创新所必需的背景知识和大量信息，更在于从中发现问题和提出创造性课题，寻找创新思维的最佳突破口。

第二是孕育阶段。主要是经过严密、系统的思考、观察和实验等研究过程，对问题做各种试探性解决。在这一阶段中，创新思维活动往往会出现百思不得其解的停滞状况。这时，人们可以把问题暂时搁置起来，甚至从事其他活动或思考其他问题，但这并不意味着停止创新思维，而是要以以往的研究和思索为基础。创新思维仍在潜意识层次进行。

第三是豁朗阶段。在孕育阶段的后期，或者是水到渠成、顺理成章，或者是偶然事件的触发，思维主体的头脑中往往会出现灵感，产生顿悟，创新性的观念或思想以鲜明的形象脱颖而出。在这个阶段，思维主体摆脱了旧经验、旧观念的束缚，形成了新的认识成果，产生出新观念、新思想，这在整个创新思维过程中具有关键性意义。

第四是验证阶段。这一阶段的任务是对第三阶段得到的初具轮廓的新思想进行检验和证明，验证其理论上的合理性与严密性，使创新思维真正达到创造新成果的目的。

（三）影响创新思维的主要因素

影响创新思维的因素有很多，其中主要有创新思维能力或思维品质、创造性人格或非智力因素、创造性社会环境等。但创新思维的内在要素主要包括知识、逻辑、思维、非逻辑思维等几个方面，这几个内在要素也是影响创新思维的主要因素。从新思想的产生我们可以看出创新思维的几个内在要素：

首先，要具有产生新思想的思维能力，就必须具有一定的知识。要在某一领域产生新思想就必须具有相关领域的知识，要产生较高层次的新思想就必须具有较高层次的知识。

知识是人类思维的原材料，知识是人类进步的阶梯。知识把人类的思想用语言符号等形式固化起来，便于后人和他人在已有的知识基础上继续向上攀登。没有或缺少知识作为原材料的思维是贫乏的、空洞的。人类文明的发展历史表明，没有以文字符号等来表示的知识的出现，就不可能有人类思维的巨大进步和质的飞跃，也就没有人类今天这样高度的物质文明和精神文明。

一般说来，一个人的知识储备越丰富，可供调动的知识越多，运用起来就可能越灵活，产生新思想的可能性就越大，能力也就越强。

其次，要具有产生新思想的思维能力，还必须具有一定的非逻辑思维能力。如果没有非逻辑思维能力的参与，也就没有新思想的提出。非逻辑思维仿佛思维的雷达，没有它我们就不能捕捉到未知的对象。因此，我们反对黑格尔从"绝对精神"逻辑地推导出世界的企图，也反对西方分析哲学的泛逻辑主义。

最后，要具有产生新思想的思维能力，还必须具有一定的逻辑思维能力。如果没有逻辑思维能力，新思想提出后就不会得到论证，对人的言行就没有多少指导作用。因此，我们也反对种种形式的逻辑虚无主义。

影响创新思维的因素有很多，既有创新思维的几个内在要素，又有非智力因素，还有社会环境等其他因素。但创新思维的内在要素就是知识、逻辑思维能力和非逻辑思维能力这么几个。创新思维的这几个内在要素对人的智慧水平起着决定性的作用。培养创新思维能力就是要使创新思维的这几个要素都得到发展，也就是说要获取知识、训练和培养逻辑思维能力和非逻辑思维能力。

相比较而言，获取知识、训练和培养逻辑思维能力是比较容易的，因为人们已基本上掌握了获得它们的有效方法，而训练和培养非逻辑思维能力则是很困难的，因为人们对非逻辑思维还没有足够的认识，还没有找到培养非逻辑思维能力的很有效的方法。也正因为如此，非逻辑思维能力的培养还有很大潜力可挖，培养非逻辑思维能力也就成了培养智慧的难点和关键。而要培养非逻辑思维能力，就必须对非逻辑思维的本质、特征有个基本的了解。

（四）创新思维的本质

1.创新思维是逻辑思维和非逻辑思维的辩证统一

人类的思维是一个过程，包括对问题的发现、描述、分析和解决。逻辑思维是依据原有的知识概念一步步进行逻辑分析、推理而得出正确结论的一种思维方式，它在创新思维中起着指引和调控作用，没有逻辑思维，就难有符合逻辑的概念和创新理论。而非逻辑思维，包括直觉、联想、幻想、灵感和顿悟等，给予创新思维以关键性的突破，新观念的提出、原有问题的突破，往往借助于它们表现为从"逻辑的中断"到"思维的飞跃"。可见，逻辑思维和非逻辑思维都是创新思维的应有之义，相互补充，相互作用。

2.创新思维是发散思维与收敛思维的互补

在创新思维中，新观念、新思想往往是通过发散获得的，发散思维强调思维内容和思维成果应与传统观念或原有概念不同，甚至相反，其思维目标事先不确定，朝着多个方向寻找正确答案，容易产生奇特、新异的思想或见解。

因此，发散思维是创新思维的重要特征。然而，在创新思维中，仅把思维停留在发散思维阶段，就难以抓住问题的实质和关键，达不到创新的目的。因为创新始于问题，问题是收敛思维的产物，收敛思维要求思维内容和思维成果集中、统一到传统观念和原有概念上来，只有思维收敛了，才能发散。

3.创新思维是潜意识和显意识的结合

我们知道，许多新思想、新方法是显意识的重新组合，与传统思想不同，却能在潜意识中形成新的思想和方法。

创新思维方式与非创新思维方式相比，具有以下特征：一是思维方式的求异性；二是思维状态的主动性；三是思维结构的灵活性；四是思维运行的综合性；五是思维进程的突发性；六是思维表达的新颖性；七是思维成果的效用性，这些都有利于我们对创新思维内涵的理解。

（五）激发学生创新思维的条件

1.教师需要有创新思维教育的意识

培养学生的创新思维和创新能力，首先要培养教师创新思维教育的责任意识。培养学生创新思维能力，并不是说可以忽视基本理论、基础知识的教学。恰恰相反，只有让学生掌握基本理论和基础知识，日后才能以简驭繁，触类旁通，比较顺利地适应日新月异的社会发展。

传授一定的基础理论和基础知识，是学校教育学生的重要职能，但不是唯一职能。在加强基础知识教育的同时，培养学生的创新思维能力，从教育产生的那一天起就具有不可替代的意义。只有培养学生的创新思维能力，才能使他们在有效地掌握和驾驭并灵活运用知识的基础上，创造全新的局面。教师的创新思维意识应当是注重发展学生的发散思维能力、复合思维能力，引导学生掌握创新思维的方法，培养创新思维品质，同时要培养学生的创造型个性，增强创新思维能力。活跃、独立、自由并具有个性的思维是创新思想萌发与生长的土壤。

因此，教师要爱护学生的创新热情，尊重学生的心灵自由，开发学生的潜能，支持学生标新立异、独立创新，积极营造个性得以发展的宽松氛围。

2.学生创新思维的培养

学生创新思维的培养已经成为现代教育的重要目标，学生问题意识是创新思维形成的起点。长期以来，受到应试教育思想的影响以及"灌输式""填鸭式"教育方式的影响，学生一直是被动地学习，失去了在学习中的主体地位，因而问题意识也在这一过程中淡化。课堂上教师提问，学生回答的教学模式，也根本没有给学生进行独立思考的空间。因此，要引导学生发现问题、分析问题、解决问题，培养学生的问题意识和质疑精神，才能激发学生的创新思维。

（1）学会质疑

所谓学问，学离不开问。问题是创新的最大动力，也是创新的源泉。创新的开始是提问，没有问题，就没有创新。

首先，要培养学生的质疑能力。质疑是思维的源头。在教学中要花大力气引导学生质疑，培养学生独立思考的能力。

其次，让学生在尝试中发现问题。创新思维的关键是培养学生的问题意识，每次学习新课之前，学生需要预习，预习的时候鼓励学生给新知识提出问题，带着问题来课堂。教师讲解完后，鼓励学生将自己对本节课的问题提出来进行课堂讨论，大家积极发言。这对新知识是一种加强，也是加深理解，同时也激发了学生的创新思维。倡导和培养学生的问题意识，让学生敢问、会问、爱问，发掘学生身上蕴藏着的巨大的创造能量，给他们一个发展的空间，让学生学会质疑，学会提问。

"学贵有疑，小疑则小进，大疑则大进。疑者，觉悟之机也，一番觉悟，一番长进。"问题意识是产生思维的动力，是创新精神的萌芽，是培养创新能力的基石。在学生的自主学习过程中，必须让学生有"问题意识"，带着问题去看课本，这样的学习才能有的放矢。在教学中要鼓励学生大胆质疑，培养学生质疑问题的思维品质，养成良好的学习习惯，开启创新思维的大门，使学生善于发现问题，敢于提出问题，精于分析问题，巧于解决问题。鼓励学生生疑、质疑，激发学生的创新思维，牢固地掌握所学知识。

（2）积极提问

在教学中要诱发学生的问题意识，引导学生积极提问。

首先，要创造一个良好的课堂气氛。良好和谐的课堂氛围能够让学生在轻松的环境中敢于提问，教师可以通过鼓励、评价的方式引导学生充分发挥创新意识。

其次，以小组讨论的方式，在小组内提出问题，让组员分析问题，解决问题。解决不了的，班级讨论或者作为课后作业，第二天再讨论，还解决不了的，再向教师提出。

再次，教师要发挥主导作用，适时点拨诱导，教给学生生疑的方法，实现从"扶"到"放"的飞跃，逐步使学生提出有质量的问题。学生的问题意识是衡量一个学生创新能力强弱的重要内容。问题意识具体表现在：第一，是否善于发现和提出问题，能否对问题进行积极的探索；第二，是否善于寻找解决问题的方法和途径；第三，能否对问题形成较完善的答案，特别要注意那些能引起学生探索欲望的创新性问题。

最后，在教学中，教师一定要转变观念，重视对学生问题意识的培养。在课堂教学中不但要重视问题的设计，引发学生去探索、去思考，更要创设良好的情境，让学生去发现问题、提出问题，给思维插上翅膀。

（3）激发学生创造性思维

惯例、常规、传统反映在头脑中，便形成一种心理定式、思维定式。时间越长，思维定式对学生的创新思维的束缚力就越强，要摆脱它的束缚也就越困难，越需要作出更大的努力。要改变学生的思维定式，就是在遇到问题的时候，能从多角度、多侧面、多层次、多结构去思考，去寻找答案，既不受现有知识的限制，也不受传统方法的束缚，思维路线是开放性、扩散性的。

解决问题的方法不是单一的，而是在多种方案、多种途径中去探索、去选择。创造性思维具有广阔性、深刻性、独特性、批判性、敏捷性和灵活性等特点。不同思维方式都有其独特的价值与功能，但也有其特定的适用范围。它们的独特视角、出发点、途径和方法，既是制胜的法宝，又是前进的障碍。

因此，只有具备多元思维，才能提高创新思维能力。思维是从疑问和惊奇开始的，常有疑点，常有问题，才能常有思考，常有创新。所以，深度学习的高中生物教学要积极地培养和强化学生的问题意识，提高学生提出问题的能力，才能激发学生探索问题的欲望。

四、创新思维课堂教学流程

（一）生物现象、问题体验与呈现

让学生感知生物现象，发现生物问题，让学生获得内隐的、意会的、经验的、不可言传的生物现象与问题的相关知识，并产生怀疑的过程，激发学生的学习积极性与创新动机。

（二）生物技术相关知识的建构与联想

学生通过自学教材、网上查询、资料查阅、同学师生讨论、访问专家、教师精讲、自构概念图等多种通道，形成有关生物技术现象或问题的整体结构，达到学习、掌握概念与规律的良好认知结构。在此过程中，让学生的发散思维、直觉思维、形象思维得以充分地发挥。

（三）知识结构的重组

通过对自己的知识建构以及对生物新情景的再认识，使学生重组知识结构，在应用生物技术知识、解决理想模型问题和真实情境的生物问题中内化知识，体现创新情感，在这一过程中，学生的元操作能力发挥了重要作用。教师要把握好"发现"的成分与接受成分的关系，既要注意到"发现"教学在时间上的不足，又要考虑接受学习中的教师直接灌输对学生的影响，因此学生思索时间的安排一定要合理。

（四）自我反思与综合评价

学生的自我表现监控、自我反思、自我意识的元操作能力贯穿整个教学活动，学生对生物知识的理解掌握、创新意识、创新思维的形成是通过教师与学生在自我意识的综合评价中得到反馈的，并在肯定的评价中激发学生高一层次的求知欲与创新欲。

以上四个过程是教师根据现行教科书内容灵活把握各个阶段的生物背景呈现方式、容量大小，以审视教学班学生教学起点为依据，创设适合学生"最近发展区"的生物技术教学情境。以新奇性、探索性、开放性的生物现象、生物问题、生物实验等信息启发、引导学生，及时监控学生的思维、行为，防止其偏离主题和无价值的思维成果，保证背景知识提供方式的多样性和可选择性。

五、创新思维课堂教学的评价原则

（一）评价的目的

用学业成绩来评价学生学习的目的，对教师来讲，是为了得到学生学习的反馈，从而调整和改进教学工作；对学生来说，是为了使他们通过评价看到自己在发展中的长处，增强继续学习的信心。因此，评价的内容不仅包含学习结果，更应记录学生参加了哪些活动，投入的程度如何，在活动中有什么表现和进步等情况，即对学生进行过程性的评价。

（二）评价原则

无论教学过程还是教学成果评价，都是为帮助学生牢固掌握科学知识和技能，培养其终身学习的兴趣和探索未知世界的能力，因此评价范围应包括实验、制作、理论学习、社会调查等多方面的内容。

评价方法上应注意以下几个原则：形成性评价与总结性评价相结合，重在形成性评价；综合性评价和分解性评价相结合，重在综合性评价；特色性评价与整体性评价相结合，重在特色性评价；自我评价和他人评价相结合，重在自我评价。

（三）考核方式设想

检测考核方式可以口试、笔试、操作考试三者相结合进行。

1.口试：具有预测、诊断、反馈、调节、激励等功能。

（1）进行方式：要求学生提出难题、对教学过程的问题情景下的提问进行回答或对某一开放性问题进行小组答辩。

（2）评估方法：自评和他评相结合，进行定性的等级评价。

2.笔试：它的功能主要用于评价学生知识是否掌握以及相应的能力是否形成。

（1）进行方式：闭卷与开卷。

（2）评估方法：在集体评价的基础上，由教师进行综合评价。

3.操作考试：主要考查学生的操作能力、实验能力和解决问题的能力。

操作考试的具体内容有以下几个方面：

（1）按要求改进实验，设计实验或给定器材选择实验项目。

（2）写小论文：分给定题目和自选题目两种类型。

（3）对学生小制作、小发明的设想或成品进行集体评价。

（四）考试权重

根据教学内容而定，学年总成绩中口试、笔试和操作考试成绩基本以 2:6:2 的权重进行评估。

六、创新思维课堂教学的特征

认识事物的本质，除了给出定义外，还可以通过对事物特征的认识来把握。所谓事物的特征，即事物与其他事物的联系与区别。要科学地认识和把握事物的本质特征，就必须找到认识事物的逻辑起点。创新教育的特征是与"接受教育"相比较而言的。因此，创新教育课堂教学模式的特征也是与"传统课堂教学模式"相比较而言的。

（一）情感性特征

具有创新思维特点的课堂教学不仅是简单的知识传授的场所，还是师生情感交流的场所。随着教育理论的提升、教学观念的变化以及社会对人才标准的提高，课堂已经由相对单调的教转变为由教师和学生共同互动、共同进步、共同沟通和交流的场所，它越来越多地承载着教育教学的各项功能，教师、学生和教学环境之间的联系越来越紧密。人与人之间的交往离不开情感的参与，人在做某件事情时，同样离不开情感的参与。在物质越来越丰富的今天，人们的精神食粮却越来越少，所以对学生来说，教师对学生的感情投入远比所教的知识来得更重要。

教与学是相辅相成的，但教学是要以交流、沟通、反馈为基础的，一旦缺乏了情感的交流，学生和教师之间就会产生距离感和陌生感，那么学生的个性就不能淋漓尽致地表现出来，奇异的想法也不能随便地表达出来，不合惯例的需求也不能得到满足，学生创新意识和创新精神就会因得不到适合的生长环境而被埋没。

教师对学生的态度和情感直接影响着学生创新精神和创新意识的形成，教师对学生自主性的尊重、认可，对学生的欣赏感情的流露，与学生倾向于挑战、好奇心、探索精神等创新人格的形成有明显的正相关，具有创新思维特点的课堂教学强调师生情感的交流。具有创新思维特点的课堂教学中的情感性不仅是教师对学生的关心、耐心、爱心和责任心，同时也包括学生对教师的尊重、理解与信任。

（二）民主性特征

具有创新思维特点的课堂教学强调教师和学生在教学合作中拥有平等的参与权和决策权，教师和学生为了同一个目标共同努力，这个目标就是让学生的各方面的能力得到和谐发展，创新潜能得到充分开发，创新能力得到培养和锻炼。民主性的发扬有利于淡化教师的权威意识，有利于学生的批判精神和怀疑精神的形成。

这种民主性要求教师在课堂上对学生的提问、回答问题、参与讨论等，向学生提供宽松的课堂环境。教师在课后要认真听取学生对课堂教学的意见和建议，让学生参与课堂教学设计和课堂教学方法的选择。在作业布置上，激发学生的积极性，集思广益，力求布置的作业能激励学生进取。在对学生评价标准的制定上，征求学生的意见，选取合理的评价标准，保证学生个体的综合素质得到公平的评价，这有利于学生个性的张扬和特长的发挥。在课堂管理方面，对创新能力强且有个性的学生，教师可以较少利用外在的规章制度来约束自己，而是以自身的内在标准来确定自己的态度和行为。

因此，让学生参与课堂管理制度的决策，有利于学生主动积极地维护自己所制定的课堂管理规章制度。总之，民主意识会自然引发学生的参与意识，学生有了参与意识才会萌发创新意识。因此，民主性对学生的创新潜能的开发非常重要。

（三）开放性特征

开放课堂是一种教学模式，其特点主要包括空间上的灵活性、学生对活动的选择性、学习材料的丰富性、课程内容的综合性，因此开放性课堂更多的是小组学习而不是大班教学。开放性课堂有助于进行批判性的探究和培养学生的好奇心，有助于促进学生自主学习、学会学习。

具有创新思维特点的课堂教学旨在培养创新型人才，真正有益于创新型人才发展的是一种能不断培养创新型人才的机制，一种有助于培养学生创新能力的教学理念和氛围。课堂教学的开放性不仅仅是指教学要与现实生活相结合，要适应社会发展的需求，还包括教师教学思想的开放、教学结构的开放、教学方法的开放、教学内容的开放、教学评价的开放。

教师教学思想的开放是引导未来社会发展力量的生力军，教师的教育理念和教学思想要跟上时代的变迁。课堂教学是一个复杂的系统，教师面对着的学生、教学资源、教学环境和教学理论以及社会对人才的需求都在不断的变化，要成为新时代的优秀教师就要用先进的教学理论来武装自己。"知识就是力量"在知识经济时代已经不再适用了，"创新"和"实践能力"将成为未来推动社会的强大力量。所以，教师应及时调整自己的教学思想，引导学生健康成长。

1.教学结构的开放

在创新教育视野下，这不再是一个拥有一本教科书、一本教案和一本教学大纲就能教出优秀学生的时代了，教师不必刻意地追求课堂教学结构的完整，也不必费尽心思地在课堂教学时间内一分不差地完成本堂课的教学任务，也没有必要和所有的其他教师保持一样的进度，教案并不能预测出课堂上将要发生的事件，教师的教育机智在具有创新思维特点的课堂教学中显得更加重要。

2.教学方法的开放

教学方法是教学过程中的重要因素，它不仅影响着课堂教学效果，还影响着学生的学习兴趣。对教学方法的开放，并不是对传统"讲授型"教学方法的否定和舍弃，而是要根据教学内容、教学环境、教学资源、学生认知水平和能力发展水平，灵活选取教学方法，比如"探究式""合作式""启发式""发现式"等教学方法的选取和运用。

3.教学内容的开放

由于开放性课堂与封闭性课堂是两种不同的课堂教学形态，开放性课堂教学要求教师能结合实际情况，在深刻研究教材的基础上，对教学内容进行选择、开发和重组。对同一节课，教师能够挖掘出有利于学生进步的多层教学内容，使学科之间相互渗透，理科课堂教学同样可以对学生的人生价值、审美情趣进行关注和培养，文科教学也同样可以培养学生的逻辑推理能力。

4.教学评价的开放

教学评价制度的开放包括评价手段、评价内容、评价标准以及评价主体的开放。具有创新思维特点的课堂教学评价，注重终结性评价与形成性评价的结合。评价内容不仅涉及学科考试成绩，还要考虑学生的学习态度、学习方法、学习兴趣、特长、品格等其他方面的情况。教学评价还应做到评价主体多元化，评价手段多样化，评价标准合理化。

（四）创新性特征

具有创新思维特点的课堂教学模式具有传统课堂教学所不具备的前瞻性和创新性。课堂教学是一个复杂系统，影响课堂教学的因素很多。其中包括课堂管理、教学程序、课堂中媒体的应用、反馈、教学评价、课堂气氛、课堂角色、教学策略等。具有创新思维特点的课堂教学要在特有的教育教学目标的指引下，以创新的视角看待影响课堂教学的各个因素，使各个因素充分为学生的创新发展服务。

第二节　深度学习的研究性学习中高中生物创新思维的培养

创新思维能力是一个人综合素质水平的重要体现。要培养学生的创新精神和实践能力，必须有效地改变以往以知识接受为主的学习方式。研究性学习作为一种培养学生创新思维能力的比较有效的模式，通过改变学习方式，促进以创新教育为重点的素质教育的实施。

一、什么是研究性学习

研究性学习是指在教师指导下，以类似科学研究的方式，主动提出问题、思考问题、解决问题，获取知识和技能、形成观点和思维方法的学习方式。研究性学习是创新教育的主要教学模式之一。

研究性学习的进行以知识、思想方法为载体，目的在于使学生体会到课程是具有探究性和创造性的科学，使学生体会和学习如何提出问题、分析问题和解决问题，从而体会和掌握课程的科学研究方法、思想方法、逻辑方法、表达方法，并从中掌握相应的知识等。

二、研究性学习与创新思维的关系

"研究性学习"，顾名思义是以问题研究为其特征的，在教学过程中创设一种类似科学研究的情景和途径，让学生通过主动地探索、发现和体验，学会对大量信息的收集、分析和判断，从而增进学生的思考力和创造力，这与传统的"填鸭式"教学完全不同。

研究性学习在国外这也叫项目课程、主题研究、专题研习等，是 20 世纪 80 年代末以来国际教育界普遍推崇和大力实施的一种新课程。研究性学习课程作为一个独具特色的课程领域，已被引入我国教育课程体系，是我国当前教育课程改革的一大亮点。

研究性学习是一种从学习者个体发展的需要和认识规律出发的学习方式。其实质是学习者对科学研究的思维方式和研究方法的学习运用，通过这样一种基本形式和手段，培养创新意识和实践能力。因此，在教学中，要求教师要结合教学实际创设问题情境，把问题设计成开放式的、具有研究意义的题目让学生去研究。

研究性学习对培养学生的创新思维有着显著的优势。因为通过研究性学习可以避免过分注重老师讲，学生听，老师直接下结论，学生不假思索地当成真理的现象。老师和学生都可以对所学知识进行分析评价、质疑问难，打破了对科学知识的绝对化观念，打破了对科学知识的迷信，从而形成探索的、发展变革的观念，而且讨论中师生间、生生之间的平等交流，有利于学生克服心理和语言障碍，避免了学生听催眠曲现象，使学生心理处于放松状态，易于激发每个人思维活动的潜能。

三、研究性学习的特点

研究性学习是通过问题解决的方法发展问题解决能力的一种学习形式，是在教师的指导下，学生从学习生活和社会生活中选择和确定研究课题，运用类似科学研究的方式主动获取知识、应用知识、解决问题。这种学习方式的特征是：

（一）开放式问题

这里的问题没有单一的答案或所谓的标准答案，解决者可以以不同的观点、不同的角度来解析问题，发现多元的、复杂的原理。

（二）真实性情境

这是研究性学习的生命线。这种学习方式不再是单一的、理论化的书本知识，而是向学生呈现人类群体的生活经验，并把它们纳入学生的"生活世界"中加以组织，使文化进入学生的"生活经验"中。

（三）渐进式解决

师生以渐进式的步骤共同介入问题解决过程，问题解决的过程大体囊括了问题设定、问题探究、问题的解决与表达三个阶段。

（四）发展性评价

这是一种尊重个别差异并基于学生实际发展为基础的注重学生个性化反映的评价方式。

可见，深度学习的研究性学习把培养学生发现问题、研究问题、解决问题的能力摆在十分突出的位置，把学生置于一种动态、开放、多元的学习环境中，给学生更多的获取知识的方法和渠道，让他们在自主、合作和探究式的学习中获得新的体验，这必将有效地促进学生学习方式的根本变革。

四、生物技术教学与研究性学习

在培养学生创新能力时，寻找合适的内容作为研究性学习的载体，尽力为学生营造创新氛围，让学生在自主活动中学会创新，促进学生创造性思维的培养，提高学生的创新能力。

（一）培养学生生物技术研究性思维的意义

1.培养学生的独立思考能力

生物技术具有理论性、抽象性强的特点，这就要求学生多思考、勤研究，然而学生懒于动脑去把书本的知识点的来龙去脉搞清楚，自己做错的典型例题懒于去整理，不去分析原因，这些对今后提高做题效率很重要的过程，学生往往都忽略了。只有加强学生独立自主能力，才能解决学生的思维欠缺问题。

2.培养学生创新思维

创新能力是生物技术学习中一种重要的能力，依靠概念、判断、推理并应用猜想、想象获得发现和进行创造的能力，创造性要求思维者具备合理的认知结构、良好的心理条件、敏锐的观察力、强烈的好奇心、高昂的情绪、积极的思维状态和坚强的意志等。在课堂上，教师带领学生体验生物发现和创造的历程，发展他们的创新意识，运用好现行教材，着眼于创新素质的培养，把陈述性知识转变为探究性的素材。因此，教师的作用不仅仅是为学生"解惑"，有时要把学生引入"歧途"，然后让他们自己去寻找出路，培养其创新思维能力。

（二）生物技术研究性学习的实施方法

1.基于教材内容的研究性学习

生物技术常规课堂教学也可以融入研究性学习。将教师讲解变成设疑、激趣、探究、讨论、总结的新型课堂，充分调动学生的参与意识，培养学生的探索精神，启迪学生的思维使学生能在自然、主动的氛围中掌握知识，这是实施研究性学习的常态方法。

在布鲁纳的"发现学习"理论中，布鲁纳认为以基本教材为内容，使学生通过发现的步骤来进行学习是符合人类认知规律的有效学习。课本中的研究性学习课题的选择主要是对某些生物技术问题的进一步探讨，或者从生物技术角度对某些日常生活中和其他学科中出现的问题进行研究。

2.与社会实践相结合的研究性学习

在生物技术研究性学习中，社会实践是重要的获取信息和研究素材的渠道。加强研究性学习与社会、科学和生活实际的联系，能活化研究学习资源，提高教学的真实性，提高研究性学习的质量。离开社会实践的研究性学习实乃无本之木，无源之水。

3.在过程中传授方法

在进行课题研究之前，首先应根据课题研究的领域、对象、手段的差异，相应地确定合适的方法，如实验法、观察法、调查法、统计法、文献研究法、个案分析法、比较研究法、模拟调查法等，都是生物技术研究性学习的基本方法。

4.在情境中思考

研究性学习一般以小课题研究为主要形式，模拟科学研究的情景和过程，强调学习过程中的参与。在课题的选择上应注意新颖性和思考性，研究上注意开放性和自由性，否则易于把学习过程弄得无趣、呆板和狭隘。

教师应注意引导学生不断发现和提出问题，同时教师还应当在提出问题的基础上，要求学生用已有的知识、经验从不同角度进行不同层次的思索和假设，多方位地探求解决问题的途径，再探究其合理性。

五、对研究性学习的评价与反思

第一，研究性学习在我国开设的时间虽不太长，但也不是刚刚起步。但有的学校仍然对研究性学习不太熟悉，甚至比较陌生；即使开设，时间和设施有时还是得不到保障。

第二，创造性思维的培养可以渗透到研究性学习的每个过程甚至是各个环节中。学生在研究过程中对问题的发现、别样的思维、创造性的建议、与众不同的设计方案等，都是他们创造性思维的体现。由此我们可以想到，其实只要我们的家庭、社会和学校能给学生创造民主的气氛，能给他们功课和作业之外的时间以及学校、家庭之外的空间，他们可以做得更好。

第三，创造性思维是一个动态的、复杂的、多元的系统，它的影响因素涉及家庭、社会和学校，从学科角度来说涉及脑科学、思维科学以及相关的心理学等。因此，对深度学习的高中生物创造性思维的培养不是一朝一夕可以完成的，也不是某门课程可以单独完成的。

第三节　深度学习的高中生物课外活动中学生创新思维的培养

课外创新活动是我国创新素质教育的重要组成部分，也是培养学生创新素质的重要补充。

一、什么是生物课外活动

生物技术课外活动是指在生物技术课堂教学之外，一切有目的、有计划、有组织地对学生进行的多种多样的生物知识教育的活动。活动必须是由老师负责组织和指导，学生自愿参与，它是生物技术教学活动的重要组成部分，是一种理论和实践相结合的教学形式。学生在其活动中可以获得各种信息，发展个性，培养兴趣爱好和劳动观念，训练各方面的能力，陶冶情操，锻炼意志。总之，在生物技术课外活动中，学生的德、智、体、美、劳各个方面都能得到发展。

因此，生物技术课外活动是生物技术课程培养目标和贯彻党的教育方针的需要，是生物技术教学改革的需要，是学生生理和心理发展的需要，是变封闭式教育为开放式教育的需要。同时，生物技术课外活动是课堂教学的延伸，是学生发现问题、分析问题、解决问题的锻炼机会，对培养学生的创新精神，提高学生的综合素质具有非常重要的意义。

生物技术课外活动是一个更生动、更广阔、更富吸引力的大课堂，给学生创设了研究性学习机会，让学生通过课外活动主动探索、发现和体验，学会对信息的收集、分析和判断，从中培养学生发现问题、分析问题、解决问题的能力。

二、课外活动的特点

课外活动开展的各项活动都具有活动定位清晰、活动目标明确的特点，这些活动不仅丰富学生的课余文化生活，还具有很强的教育引导作用。参与其中的学生在课外活动中能够自觉地接受活动组织者预设的目标导向，在活动中感受氛围熏陶、接受文化塑造，最终达到提升素养的目的。

另外，课外活动因其具有不同的目标导向和更适合青年学生的自身特点，所以更易于被兴趣、爱好不同的广大高中生所接受。此外，课外活动开展的活动具有内容广泛、形式多样的特点。只要是符合学校的教育教学规律的活动，都可以作为课外活动的内容。由于活动内容丰富，并且主要以兴趣爱好为导向，使大部分学生都可以在其中找到适合自己参加的活动，能极大地激发参与者的热情，更广泛地调动学生参与的积极性。

作为课堂的延伸和补充，课外活动在提高学生实际动手能力和社会交际能力方面起着至关重要的作用。课外活动能创造特定的工作环境与交际活动情境，使学生充分发挥主体性、能动性和创造性，促使学生的实际动手能力与社会交际能力的和谐发展以及学生素质的全面提高。社会交际能力不仅包括对一种语言的语言形式的理解和掌握，而且还包括对在何时何地、以何种方式对何人使用恰当的语言形式进行交际的知识体系的理解和掌握能力。

课外活动内容的多样性和学生参与的广泛性，决定了学生在参与活动后收益的综合性。课外活动中的不同角色收获是不同的：组织者收获了领导、沟通、组织等能力；参与者在活动中感受着氛围熏陶和文化冲击，提高了自身的综合素质。课外活动对学生的影响是潜移默化的，既有即时收获，也有潜在影响。通过长期的影响，这些氛围会潜移默化地提高学生的综合素质，提升他们的文化底蕴，养成学生独特的气质特征，进而提升学生的价值判断能力和思辨能力，为学生的全面发展创造了条件。

三、实施生物技术课外活动的策略

（一）鼓励学生参与实验

在传统课外活动教学中，一般都是由教师演示，并用讲授的方式，把和课外活动相关的知识传授给学生，学生课堂参与的机会基本是没有的，这就严重阻碍了他们创新能力的提高。

教师在课外活动课上，一定要帮助学生克服心理障碍，让学生动手去做，只有亲身经历过，才能印象更深刻。在课前，教师要强化课外活动步骤的记忆，或是在学生做课外活动时加以提醒，让学生动手操作时不致出错。对胆怯的学生，要给予鼓励和信任，让他们放手去做，做不好不批评，做错了不指责。要让他们明白动手的过程就是学习的过程，即便是错误百出，依然会有收获。另一方面，培养学生具有参与课外活动的热情，还要引起他们对学习生物技术和对课外活动的兴趣。

生物技术是一门内容丰富、涉及领域较多的科目，教师可以结合生物技术的学科特点和班级学生的实际情况去诱发学生的兴趣点，激发学生求知的欲望。其实，人类的兴趣是与好奇心紧密相连的，抓住这一关节，教师可以把深奥的知识和浅显的生活现象相联系，让学生产生好奇心，使他们感到新鲜，通过课外活动把枯燥无味的知识变得生动有趣。特别是一些让学生意想不到的课外活动和结论，更能激发学生的学习兴趣。学生有了兴趣，自然会主动参与到课外活动中来。学生的参与才是课外活动最大的成功，有了学生的参与，教师培养学生的探索精神和动手能力才有了可能。

（二）课外观察，拓宽视野

创新思维是以丰富的知识和深刻的认知为基础的，生活就是个大课堂，能带给学生无穷的知识。

生物技术现象在生活中随处可见，生物实验也就可以不局限在课堂上。教师要鼓励和引导学生把学到的实验原理运用到生活中，仔细观察周围的事物带来的表象，选择生活中常见的物品作为实验材料，去验证一些生物结论。把实验和实验原理，引入到生活中，让学生自己去发现问题、思考问题并解决问题，不仅能巩固所学的知识，帮助学生去理解深奥的生物现象，还能拓宽他们的视野，使他们活学活用，培养知识迁移的能力和解决问题的能力，从而增强创新能力。

（三）鼓励小创作、小发明

课外科技活动是课堂生物实验的延伸，是学生动手、动脑，发挥自主创造精神的有效阵地，它为创新思维的形成提供了良好的环境。发动学生进行小发明、小制作，让他们利用所学的生物知识来解决实际问题，能有效地培养学生对知识的应用能力和动手能力。同时，通过进行发明创造活动，使学生感觉到发明创造不再是不可能的事，从而激发了学生的创造动机和创新热情，在不断提高学生运用知识的这一能力的基础上，发展学生的个性特长，培养创新技能。

深度学习的高中生物创新意识的培养不是一朝一夕的事。首先，教师要摒弃陈旧的思想，改变传统的教学模式，给学生提供一个创新课堂的环境。在更新理念和提高教学质量的同时，还要培养学生对生物技术、生物实验的兴趣，鼓励学生敢于尝试、积极探索、勇于创新，不但要传授给学生生物技术的知识，还要传授给他们学习方法，并培养他们思索的能力，让创新之花尽情开放。

四、课外活动对人格发展的意义

从创造性人格的内涵、影响成因可以看出，学生课外活动对创造性人格的发展起着主导作用。

（一）创造性人格发展主要源于客观环境

环境是推动学生创造性人格发展的重要因素，创造性发展就是主体的创造潜能在一定的客观环境中逐步发展并得到实现的过程。那么，校园文化这一环境因素则发挥了主导作用。

在基础教育中，创造性教育是一项复杂的工程，它要求我们要营造一个能充分激发创造潜能的客观环境，将课堂教学作为创造教育的主阵地，同时开设形式多样的课外活动，促进学生良好品德的形成，优化知识结构，推动智力能力、专门能力、创造能力的提升。

（二）创造性人格借助课外活动得以发展

实施创造性教育时要辐射全体学生，而课外活动的多重特质恰好为这一教育过程提供了良好平台。整体性是课外活动的一个重要特质。它打破了专业的局限，着眼于学生的整体发展，它需要的不仅仅是某一个学科的知识，而是对多个学科和多种能力的整体把握和运用。

学生的创造性发展正是通过对各学科、各专业知识的整体运用而不断获取新知、认识自我、探究世界的。通过参加课外活动，学生可以从实践中发现兴趣，弥补专业的局限，并学会处理与社会、与他人、与自我的关系。这一过程，正是人际交往、心理成熟和创造性发展的过程。

课外活动具有自主性。学生创造力的发展很大程度上取决于主体性的发挥和实现程度。每一次课外活动，从活动策划、经费筹措到人员参与、结果呈现，都是以学生为绝对主体的。在这一过程中会有新的目标生成，新的问题产生，都需要学生发挥主观能动性自主处理和解决。课外活动以学生的兴趣、爱好为出发点，充分尊重学生愿望的表达和实现，为学生的自主发展提供了良好的土壤，而开放的活动内容、活动形式和活动过程，也为创造性发展搭建了舞台。课外活动具有现实性。课外活动都是以学生的现实生活和社会实践为基础开展的，它面向学生的整个生活世界，给学生创设许多问题情境，帮助学生在现实生活中去探究和思考，引导学生自觉地把直接经验和间接经验相结合。正是因为课外活动的现实性，激发了学生在实际生活中学会发现、学会探索、学会创造。

（三）创造性人格只有在群体中才能得到发展

课外活动是由学生自发组织的，由某种共同注意中心或共同利益短时间聚集在一起进行的群体活动。从学生这一社会群体的特点来看，不管参与活动的个体是谁，他们一旦形成了活动群体，有些思想、行为和感情就会变得与他们单独一个人时颇有不同，若不是群体的形成，有些闪念和思考在个人身上根本就不会产生，或不可能转化为行动。可见，课外活动的群体性现象对学生的影响主要通过人际交往来实现，创造性也只有在人际交往中才能形成和发展。

第四节　现代教育技术与深度学习的高中生物教学的有机结合

现代教育技术与学科教学的整合是当前教育改革的一项崭新研究课题，在实际教学过程中如何合理、有效地利用现代教育技术，改变传统的教学方式，培养学生的自主学习、信息素养、实践能力等多种综合素质，已成为教育技术研究者和广大基层教师关注的焦点。

一、现代教育技术的概念

现代教育技术就是运用现代教育理论和现代信息技术，通过对教与学的过程以及教与学资源的设计、开发、利用、评价和管理，以实现教学优化的理论与实践。

现代教育技术的功能可以概括为：一个目标，即促进了学习；两个运用，一是运用现代教育教学思想，二是运用现代教育技术的媒体；两个优化是指优化了教与学的资源，优化了教与学的过程。

现代教育技术集多种媒体功能和网络功能于一体，将文字、数据、图形、声音、动画等信息有机地组合，交互地传递。从功能和技术上看，它既能通过人机交互主动地发现、探索、思考，又能充分发挥网络技术的特长，实现人与人之间的互动交流，从而提高学生的创造能力和认知能力。

二、当前生物技术教学的现状

我国的传统教育又称"填鸭式教育"或者"应试教育"，这种教育方式在传授基础知识方面有着非常大的优势，它有利于学生在较短的时间内获得系统、严谨的文化科学知识。但是，对学生的培养应该是各个方面的，不是单纯地传授给学生知识就可以了。所以，我们的传统教学模式中存在着一些问题，影响了学生各方面素质的正常发展。

传统教学观念把知识看成是定论，把学习看成是教材知识从外到内的输入，因而在教学过程中忽视了学习者的认知能力、知识经验及其差异性，强调课本知识的权威性和绝对性，过分强调教师的权威性。教学过程成为知识的搬运，学生的头脑中不断地被塞进一个个的结论，而这些结论又是无须检验和怀疑的，假如学生有什么想不通的地方，那应该怀疑的只能是学生自己的知识和判断力，而不应是课本或教师。在这种教学模式中，教师尽管也要提问，也可能要组织学生进行讨论，但提问或讨论的问题一般都有一个确定的、标准的答案，教师是学生发言的直接的、绝对的评判者。学生常常不是运用自己的知识经验，不是通过自己的思维去思考和分析问题，而是在猜测老师想要的答案是什么，提问和讨论成了一场"猜谜会"。在这种教学过程中，学生对各种观念进行检验、评判的权利被剥夺了，他们只能占有别人的观念，以别人的观念代替自己的见解。用这种教学模式培养出来的学生可以拥有丰富的知识，但却没有自己的思想，缺少分析和批判精神。

三、现代教育技术的构成要素

（一）经验形态现代教育技术要素

经验形态现代教育技术要素，主要是指在现代教育技术的实践中总结、应用的经验和技能这些主观性的技术要素。经验、技能是最基本的技术表现形态。一般说来，经验是人们在长期实践中的体验，而这种体验主要是在生产过程中对生产方式、方法等直觉体验的积累和综合。

在教育领域中，有的教师并不曾系统学习过教学设计的基本理论，但在教学实践中通过不断探索和总结，仍然可以归纳出一套如何选择教学媒体、如何有效使用各类媒体的教学模式，通过掌握学习过程的规律，能够合理运用教学策略。掌握这种教学技术，需要经过一个从不自觉到自觉的变化过程。这种变化的结果就形成了经验形态的现代教育技术。

技能则是以技术知识、劳动工具和经验为基础，在劳动过程中所表现出来的主体活动能力。这种能力是由若干行为组成的体系，它包括技巧、诀窍等实际知识，是人们在生产中的主要活动方式。在教学过程中培养出来的技能，如学生计算机操作技能，教师对教学信息的设计、开发、利用、评价和管理技能，以及教师的课堂教学技巧等都在教育技能范畴之内。这种经验形态的现代教育技术非一日所能练就，需要长期积累，逐渐培养。

（二）物化形态现代教育技术要素

物化形态现代教育技术要素，主要指以教学工具和教学机器为主要标志的客观性技术要素。从某种意义上说，有了教学活动，也就有了教学工具。只不过古代是通过"口耳相传"的方式，后来出现了如书本、黑板、幻灯机、投影仪、电视机以及计算机等人的替代物。

自从 20 世纪 20 年代美国人普莱西发明了世界上第一台教学机器，到斯金纳的以程序教学思想为基础的新一代教学机器，人们不断地探索如何更好地借助现代信息工具进行有效教学的方法。时至今日，计算机终于能够大规模地进入教学实践领域，为现代教育技术注入了新的生机。计算机所具有的双向交流性，可以进行人机对话，特别是目前发展迅速的多媒体技术、虚拟技术、人工智能技术等，使计算机教学越来越接近人类教师的教学，从而为我们提供了一个真正意义上的个别化教学的机会

四、现代教育技术与课堂互动教学模式

运用现代教育技术构建的课堂互动教学模式，是对已有的各种教学模式进行反思后提出来的。它是以先进的教育思想和理论为基础，充分发挥和体现了现代教育技术

的优势，打破了传统教学模式中师生的关系、媒体的作用及教学活动的进程，在教学实践中不断地进行修改、补充和完善。

教学模式是一种反映或再现教学活动现实的理论简化形式。因此，要理解课堂互动教学模式的内涵，就必须清楚地解析互动及互动教学这一教学活动的含义，才能使课堂互动教学模式有效地实施。有必要声明，我们提到的所有课堂互动教学都是在现代教育技术的"双翼"——现代教育思想、理论和现代信息技术的支持下进行的教学活动。

（一）课堂互动教学的含义

"互动"是社会学和传播学中的概念，将它引入教育教学领域是学科间的融合和对教育教学理论的发展。在社会学领域，它是指社会中个人与个人、群体与群体之间由于各种关系存在而产生的相互影响、相互作用的方式和过程，是人的社会关系的动态表现，也是各种复杂多样的社会现象产生的根本原因。在传播学领域，它一方面指信息的相互沟通、相互交换、相互创造、相互分享；另一方面是指各种传播要素之间的相互制约、相互影响和相互作用。学校是社会中的特殊组成部分，教学过程是个特殊的传播过程。课堂教学正是在教师和学生的特殊社会交往和教学信息传播过程中实现其教学目标的。因此，我们将课堂互动教学理解为：在课堂教学环境中，师生之间、学生之间及人与媒体、环境之间，在教学传播过程中通过对信息的交换、沟通与分享、创造而产生的相互作用的方式和过程。在深度学习的高中生物教学中，由于是在现代教育技术理论的支持下进行的课堂互动教学，因此互动网络体系中互动的要素、环境、内容都发生了变化，且互动的方式除了传统课堂教学中人与人之间的互动外，还有人与媒体之间、人与在媒体影响下的环境、内容之间的互动。

（二）课堂互动教学的方式及类型

基于上述对课堂互动教学的理解，我们分析在现代教育技术支持下的高中生物课堂互动教学方式有：人际互动，人内互动，人与媒体、环境之间的互动。其中人际互动主要包括师生互动、生生互动。

师生互动是指教师和学生个体之间或同学生群体之间的相互作用和影响，主要是通过师生相互问答、相互评价、反馈、激励及合作等活动形式实现的互动。

生生互动是指学生个人与个人、个人与群体、群体与群体之间的相互作用和影响，主要是通过小组讨论、互相评价、相互反馈、互相激励、互帮互学、互为师生等合作学习的活动形式实现的互动。

人内互动主要指学生内部对信息的加工构建，是学生个体对信息内向传播的过程。

人与媒体、环境之间的互动主要是指师生与计算机友好的交互界面进行的互动或与媒体创设的环境、教学氛围之间进行的互动。其主要表现在各种媒体信息和环境对学生个体知识建构的影响和学生的知情对环境的影响。为了便于指导教师在教学过程中把握和控制各种互动方式，并进行教学效果的观测，我们又将课堂互动教学分为外互动、内互动，认知互动、情感互动，平等与不平等互动，正互动与负互动等多种类型。

五、现代教育技术对深度学习的高中生物教学的意义

生物技术是一门以实验为基础的自然科学，它的研究方法通常是在观察和实验的基础上，对生物现象进行分析、抽象和概括，从而建立生物概念和定律，进而形成生物理论，然后这种理论再回到实践中去经受检验。由于生物技术的这种实践性强、抽象概念多的特点，因此它是学生感到学习困难的一门学科。

因此，直观教学在生物技术教学过程中占有非常重要的地位。传统的直观教学主要是运用演示实验、教学模型和教学挂图等教学资源进行的。但这些教学资源有较大的局限性，如有的可见度小，有的演示现象瞬息即逝，有的限于条件演示效果很差；挂图所提供的只是静止的画面，对讲解现象的过程很不适用；模型本身又不易拆开，工作时各部分的活动情况不易看清楚等。正因为这些局限性，使学生对许多生物知识的理解不能充分建立在直观感知的基础上，因此教师感到难教，学生感到难学，而采用现代教育技术的教学手段可以排除这些局限性，弥补传统直观教学手段的不足。

从认识论的角度看，学生对事物认识过程的起点是对事物的感性认识。在生物技术学习中学生由于无法理解一些抽象的理论，而对生物技术产生一种畏惧的心理，阻碍了他们学习生物的兴趣，但应用现代教育技术就可以直观地再现并方便解释一些生物现象和规律。

21世纪是信息时代，对在学校里学习的学生，也应该培养他们处理大量信息的能力。因而，在深度学习的高中生物课堂教学中教师应该向学生提供更多的信息、更多的资料及生物技术学科的发展现状，来扩展学生的知识面。

由于使用多媒体的直观性也大大缩短了教学难点的突破过程，教师就有了更多的

时间讲解相关的知识及其实践应用，引导学生理论联系实际，丰富课堂教学内容，从根本上改变了过去"满堂灌"的教学弊端，给学生较多自由时间复习巩固，优化了课堂教学，增加了课堂的信息量。

在传统的生物教学过程中，主要是教师讲，学生听，不便于学生个性的培养。应用现代教育技术能够真正改变学生和教师的位置，使学生成为学习的主体。当学生有问题时，可以及时提出或利用计算机网络与同学讨论，从多渠道寻找解决问题的办法。当学生对某个生物现象有自己的观点时，也可以让大家讨论和交流，最终教师进行解答，在这样的双向交流中学生的思维更加活跃，有利于培养学生的创新意识，实现学生主体教师主导的现代教学思想。

可见，应用现代教育技术于深度学习的高中生物教学，有助于教学中难点的突破和重点的把握，符合当前教育发展趋势，为教学方式的顺利转轨提供了一种新模式。

六、现代教育技术在深度学习的高中生物教学中的应用

（一）作为一种工具

1.计算工具

计算机无与伦比的信息处理能力可以实时反馈输入信息的运算结果。在设定程序的控制下，通过人机信息交互，计算机实时自动地将控制变量的结果成批输出，极速准确地处理复杂信息，把人从机械烦琐的重复工作中解放出来，以便于我们进行更为高级的思维活动，这显然更有利于从深层次提高教学的效率和效果，激发人的高级潜能。

2.应用工具

在深度学习的高中生物教学中，教师可采用基于网络环境的任务驱动式的自主学习模式，使学生在完成预设任务的过程中理解生物概念，探索生物规律，学习获取知识的方法，锻炼计算机操作技能，以形成学生自主学习、协作学习的习惯和品质。例如，在以研究性学习为基础，带动和促进生物技术课程的综合实践活动中，可让学生在应用生物知识去解决身边真实存在的问题时，将计算机技术作为重要的手段，协助记录数据、分析处理数据、交流成果，利用计算机进行学习和在网上搜索、获取、处理知识信息，提高学生自身的综合能力，使信息技术真正成为了他们自主学习的工具。

3.采集工具

使用计算机接口技术,将温度传感器、压力传感器、光传感器、声传感器等采集的模拟信号用模数转换装置转换为计算机能识别的二进制信号,再将传入的信息经过配套软件自动处理,就变成了我们需要的相关数据。计算机自动采集数据的特点是精确度高,时效性强,采集量大,处理和输出灵活方便。基于计算机技术的数字信息系统实验室,实现了将传统的生物实验教学从"模拟教学模式"向"虚拟教学模式"的革命性转变。这是在传统的实验室仪器设备的基础上,通过加载智能化的传感器、数据采集器和实验分析软件包构成的新型实验系统。它可以把书本教材上"死"的文字和"死"的画面变成栩栩如生的"活"的生动情景。将肉眼无法分辨或看不见的"微观"现象变成荧屏或布幕上的"宏观"景象,惟妙惟肖,引人注目。它能够检测微弱的信号量并捕捉到信号量的微小变化和瞬间变化,扩大实验可研究范围的深度以及广度。

4.交流和协作工具

现代信息技术的使用给教师的教和学生的学带来了更为广阔的交互空间。通过网络,教师可实时监控学生信息,随时了解学生的学习过程并及时指导,也可以通过电子邮件、聊天室或博客等进行内部和远程交流。通过在线方式,同学之间、师生之间甚至校内与校外都能进行零距离的交流与协作,完全淡化了"学校"的概念,实现了全新意义的开放式学习。

(二)作为一种资源

1.专业的教学资源

作为校园网的重要构成部分,教学资源库是必不可少的。投影幻灯片、挂图、录像带、视听光盘、多媒体课件等都是常用的课程资源。专业的教学资源库容量大、综合性强、检索方便,一般包括:教材库、素材库、教案库、试题库、软件库、娱乐库等,这为教师备课、学生自学提供了丰腴的"口粮"。

2.个性化的教学资源

开放、共享、可扩展的网络系统为教育资源的积累和二次开发提供了便捷的接口。我们可以用扫描、键盘输入、转换等手段将个人和集体多年积累的有价值的教学经验、教学手记、珍贵资料、照片等进行整理和数字化处理,建立校本资源库,有效延续我们的传统特色,形成独特的个性资源。

3.互联网资源

互联网首先是一种信息资源。网络资源信息量大、素材多、传递速度快，资料的查阅与索取不受时间、空间的限制。在网络上查找所需要的资料素材，方便快捷，便于编辑和修改。

互联网是一种智力资源。互联网提供了一个开放的交流环境，在这里，我们虽然相隔万里，但也好像近在咫尺。我们也许素昧平生，然而我们却一点也不觉得陌生。因为这是一张思想的网、智慧的网、平等自由的网。通过这张网，我们可以交流思想、感情、学习、人生。在网上，有无数的朋友也有众多的老师。

七、当前深度学习的高中生物教学中应用现代教育技术应注意的问题

多媒体技术应用于深度学习的高中生物课堂教学，可以更方便地提供给学生直观、生动、形象的教学资源，更好地创造生物技术教学情景，提高学生对生物现象和生物技术问题的兴趣，从而激发学生学习的主动性，突出教材的重点和难点，提高教学效率。教学效率提高的同时课堂教学容量也得以扩大。

（一）重视教材知识传授，轻视推理分析和能力培养

在传统的教学模式中，教师利用讲解、板书等有限的教学手段向学生传授知识，教学效率比较低下，运用多媒体技术可以增加课堂教学容量。但是，我们教育的目的不是单纯地让学生学到尽可能多的文化知识，更重要的是让学生学到进行有效学习的方法。生物技术是一门以观察和实验为基础的具有方法论性质的且具备普遍适用、结构严谨、精密定量等特点的自然学科，教师在进行知识传授的同时，要充分发挥生物技术学科的特点，努力提高学生各方面的技能和能力，培养学生具有健康的情感、意志、兴趣等非智力因素。

当然，交互式生物课件的设计制作比较费时费力。但是从长远来看，高质量的教学课件会使教师的教学变得更加如鱼得水。我们在设计课件时要考虑如何更有效地启发学生思考，提高学生分析问题和解决问题的能力，避免把结论直接呈现给学生。

（二）重视教师教，轻视学生学

教学过程是由教师、学生、教学内容、教学媒体等要素组成的开放系统。对教学过程目前没有大家都接受的统一、完整的定义，但主要精神是明显的，普遍认为：教学过程是学生在教师的指导或引导下，通过自己的学习活动来掌握文化科学知识，发展认识能力，形成科学世界观和良好的道德品质的过程。

中国多年来的传统教学也称之为"填鸭式"教学，教学过程只是教师利用语言、板书等简单的教学媒体向学生传授教学大纲规定的教学内容的过程。传统教学过程只重视知识的传授，忽视了学生能力和非智力因素的培养，学生学习的主体性和能动性没有得到很好的发挥。因此教师在生物技术教学时，一定要关注学生的实际情况，根据实际情况选择教学内容、教学媒体、教学方法。计算机技术的运用要能够帮助学生学，不能仅仅是方便教师教学，多媒体技术绝不能成为教师向学生灌输知识的工具。

（三）重视外在形式而忽视教学实际需要

在教学过程的各个要素中，教学媒体的运用总是服从于教学方法，并最终受教学内容的制约。只有那些与教学方法有机结合，有利于教学内容理解和运用的教学手段，才是有效的手段。再先进的手段如果脱离了教学方法和教学内容，也会成为华而不实的无效手段，无助于教学目标的实现。

当前一些教师在进行多媒体教学时，不是根据教学内容、教学方法的实际需要设计课件，而是考虑如何才能增加画面的观赏性，把课件的观赏价值作为制作课件的标准，而不是考虑解决具体教学问题的实际需要。利用传统的教学方法就很容易向学生解释的生物问题，非要用多媒体计算机进行讲解，甚至把简单的问题复杂化，走向了教学的反面。

（四）缺乏适用于多媒体教学的教学方法

教学内容、教学方法、教学媒体是教学活动中紧密联系的有机整体。当前我们努力实施素质教育，重点将进行课堂教学的改革，因为课堂教学仍然是素质教育的主阵地。

教学内容、教学方法、教学媒体三者在课堂教学中各自具有不同地位和作用。其中教学内容是教学改革的重点，也是课堂教学的基础。教学方法则是课堂教学的关键，它直接决定教学质量的高低。而教学媒体只是课堂教学借助的工具，是课堂教学的辅助因素，它服从、服务于教学内容和教学方法的改革。

（五）重视观摩评比，轻视推广应用

计算机多媒体应用于深度学习的高中生物课堂教学，是为了提高生物技术教学质量和教学效益，计算机作为一种新的教学媒体，被教师掌握和广泛运用是需要一个过程的。为了促进使用计算机进行教学，一些教育主管部门开展了各种各样的教学评比和教学检查，由于评比和检查的标准还不是很科学，造成了在教学比赛中争先使用多媒体进行教学的现象。不考虑课堂教学的实际需要，谁在教学过程中用了多媒体计算机辅助教学，就会得到领导的肯定和表扬，于是以多媒体计算机作为主要教学手段的各种公开课、示范课开始变得应接不暇。

然而，利用计算机进行教学需要消耗教师大量的精力制作课件。这必然耽误教师在当前教育实际状况下向学生传授、巩固教材知识的时间，学校的教学成绩在短时间内就上不去，校长就无法向上级主管部门、学生家长交代，学校的生源就保证不了，正常的教学活动就无法进行。作为教师，我们应该在积极运用现代化教学手段的同时，加强教学方法改革的理论和实践研究，使教学手段、教学方法与教学内容有机结合。同时消除形式主义的影响，扎扎实实地研究教学，根据教学的实际需要，充分、合理地运用多媒体教学。

参考文献

[1]胡航.信息技术教育学[M].重庆：西南师范大学出版社，2021.

[2]朱琦，苗素平，陈怡.生物教学模式与实验创新[M].长春：吉林人民出版社，2017.

[3]肖麟.高中生物教学有效性探讨[M].长春：吉林人民出版社，2019.

[4]陈俊磊.问题情境教学对高中生物深度学习的影响[D].昆明：云南师范大学，2021.

[5]李显东.高中生物教学中培养学生核心素养的实践探析[M].长春：吉林大学出版社，2020.

[6]彭静静.生物技术教学模式与思维创新研究[M].长春：吉林人民出版社，2018.

[7]黄玉俭.高中生物[M].银川：宁夏人民教育出版社，2016.

[8]陈福玲.核心素养视角下的高中生物教学探索与实践[M].延吉：延边大学出版社，2022.

[9]张笑斐，朱继刚，蔡冬景.寓德于教高中生物教学中的德育渗透[M].青岛：中国海洋大学出版社，2021.

[10]张秀红.基于核心素养的高中生物学教科书国际比较研究[M].南宁：广西教育出版社，2021.

[11]丁忠.高中生物高效课堂教学与有效性研究[M].北京：中国原子能出版社，2021.

[12]郭岩丽.高中生物高效课堂教学模式研究[M].成都：电子科技大学出版社，2017.

[13]罗福泉.高中生物研究性学习[M].上海：华东师范大学出版社，2020.

[14]徐勇.走向深度学习的中学生物教学[M].成都：四川大学出版社，2021.

[15]李增娇.指向深度学习的生物学教学研究[M].上海：上海科学普及出版社，2020.

[16]武玉伟.深度学习基础与应用[M].北京：北京理工大学出版社，2020.

[17]马宁.合作学习模式在高中生物教学中的应用策略研究[J].试题与研究，2023(17):10-12.

[18]马文斌.高中生物教学中劳动教育的渗透探究[J].智力，2023(17):28-31.

[19]岳书真.启发式教学在高中生物教学中的有效应用策略[J].天天爱科学(教学研究)，2023(06):66-68.

[20]张岩.提升高中生物教学效率的策略[J].天津教育，2023(15):162-164.

[21]邵贵瑜.在高中生物教学中渗透职业生涯规划教育的策略探讨[J].考试周刊，2023(16):119-123.

[22]沙向丽.情境式教学法在高中生物教学中的渗透[J].数理化解题研究，2023(09):132-134.

[23]马培杰，马清瑜.情境教学模式在高中生物教学中的运用[J].中学课程辅导，2023(04):36-38.

[24]黄永兴."双减"下的高中生物教学[J].课堂内外(高中版)，2023(07):44-45.

[25]温远志.新高考对高中生物教学的影响探究[J].考试周刊，2023(08):130-133.

[26]陈建新.高中生物教学中学生核心素养培养策略探析[J].高考，2023(06):87-90.

[27]王雪洁.深度学习视角下高中生物实验教学探讨[J].知识文库，2023(09):34-37.

[28]王旦旦.基于深度学习的高中生物高效课堂策略研究[J].中学课程辅导，2023(07):117-119.

[29]万定珍.情境教学下的高中生物深度学习[J].天津教育，2023(02):64-66.

[30]金丽琴.深度学习视角下信息技术与高中生物学科的融合教学[J].中学生物教学，2022(32):83-84.

[31]黄振华.深度学习视域下高中生物教学实践研究[J].考试周刊，2022(10):110-113.

[32]陶舒.深度学习背景下高中生物单元整体教学思考与实践[J].普洱学院学报，2022，38(03):129-131.

[33]史辰佳.指向深度学习的高中生物课堂提问策略探讨及评价[J].教书育人，2022(20):66-68.

[34]胡倩，巴雅尔塔，杨松林."深度学习"视域下高中生物教学策略分析——以"基因突变"相关内容为例[J].中学教学参考，2022(29):86-89.

[35]郝欢欢，李玉阁.基于深度学习的高中生物教学设计及过程性评价[J].中小学教材教学，2022(11):72-75.